「鍛える」「投げる」「打つ」——
野球における
体力トレーニングの基礎理論

著 中垣征一郎

ベースボール・マガジン社

CONTENTS 目次

第1章 はじめに ─────────── 6
日本における野球の歴史
日本人の気質と野球
日本の野球を見る
アメリカの野球を見る
他競技との比較
野球競技の特性

第2章 野球において要求される運動技能とその優劣を決める要因 ─── 20
野球において要求される運動技能
運動技能の優劣を決める要因

第3章 トレーニングの一般的な進め方 ─────────── 26
トレーニングの種類
トレーニングとコンディショニング
PDCAサイクル

第4章 野球における体力トレーニングの進め方 ─────── 30
体力とは何か
体力トレーニングの基本原則
体力トレーニング目標を設定する
体力トレーニング手段を準備する
体力トレーニング計画を作成する
体力トレーニングを実践する
体力トレーニング効果を評価する

第5章 各体力要素におけるトレーニング法の基本的な考え方 ───── 58
調整力のトレーニング法
柔軟性のトレーニング法
筋力のトレーニング法
パワー（無酸素性パワー）のトレーニング法
無酸素性持久力のトレーニング法
有酸素性持久力のトレーニング法

イラスト／丸口洋平
デザイン／黄川田洋志、井上菜奈美、藤本麻衣（ライトハウス）
明日未来（おおきな木）
岡村佳奈

第6章　野球における動きのトレーニング ——— 82
調整力（コーディネーション能力）と技術
運動感覚
意図的な動きのトレーニング
爆発的にパワーを発揮する運動

第7章　爆発的にパワーを発揮する運動における動作のポイント ——— 98
運動を行う際の基本的な姿勢
跳躍動作
投球動作
打撃動作

第8章　爆発的な力発揮に効果的な動きを習得するためのトレーニング手段 ——— 160
ウェイトトレーニング種目における共通の注意事項
下肢の基礎的なウェイトトレーニング手段
動きの修正・改善をおもな目的として行う手段

第9章　実際のトレーニング計画 ——— 210
準備期Ⅰのトレーニング計画例
準備期Ⅱのトレーニング計画例
試合期のトレーニング計画例

第10章　実践指導において留意すること ——— 230
運動の構造を見極める
動きを観察し説明する
動きの指導におけるコミュニケーション
運動を習得するプロセス

おわりに ——— 241

参考文献 ——— 242

1 はじめに

　筆者は、体育やスポーツを学生時代に専攻して以来、体力トレーニングを学び、トレーニング指導者として様々な機会をいただいてきた。幼少期から野球に親しみ、中学校では野球部に所属したが試合にも出られず、体育の成績は5段階で3か4という成績であった。その後身体の成長とともにいくらか脚が速くなり、高校から大学は陸上競技で汗を流した。スポーツエリートとはほど遠い自分自身をかえりみることなく、競技スポーツの指導に携わり続けたいという思いを抱いていた。名選手名コーチにあらず、という言葉はあれども競技者としては劣等感の塊であった筆者が（現在指導者としてもそうであるが）、スポーツ指導に携わっていくことには大きな不安や抵抗があり、実際にそうなれるのか、そうなるために自分自身は何を志して仕事を進めていけば良いのか、この仕事を始めた当初、未来は全く予想のつくものではなかった。

　筑波大学在学中に3年時より体力学を学ぶために高松薫先生の研究室の門を叩き、実に多くの刺激をいただいた。高松研究室で学んだことによって、競技スポーツとの向き合い方を含め、私自身の知的好奇心だけでなく心も大きく動かされた。現在の筆者のトレーニング指導、またはスポーツに携わる人材としての心得、こういったものの礎はまさにこの研究室で培われた。高松研究室では、大学3・4年生のほとんどは自らも学生アスリートとして競技力向上を目指しながら学び、大学院生はスポーツ指導者、教育者、または研究者となることを目標として研究していた。学生たちのなかにはオリンピックのメダリストから私のような学生アスリートまで、様々な競技スポーツのアスリートが集まっていた。異種目の選手や指導者が集まり、競技力向上のためのトレーニングを皆で考える場所であった。サイエンスを背景に実践的なトレーニングをいかに計画的に進めるかを基礎から学び、競技力向上のために必要な世界地図と、目的地に辿り着くためのロードマップを皆で作成していく場所であったと私は思っている。本書における第2章から第6章は、筑波大学の体力学の講義で使われた高松薫先生の講義ノートや勉強会の資料から多くを引用して編集したことをここに記しておく。

筆者はこの研究室での活動をとおして、なんとかトレーニング指導を自分の生業にしたいという気持ちになった。しかし、前述した通り、選手としての成功体験に乏しく、若く未熟な筆者にトレーニング指導のスペシャリストとなる道はどこにも見えなかった。すぐさま大学院に進学することも考えたが、とにかく競技スポーツのフィールドに立つことを優先させたい思いから、医療資格の取得のために鍼灸マッサージの専門学校へ通いながら、医療資格を持つトレーナーが集まり、治療院を拠点にチームへのメディカルトレーナーを派遣している会社（小守スポーツマッサージ療院）で井上良太先生のもと、丁稚奉公を行った。丁稚奉公をしながら一般の方からアスリート、芸術家、実に様々な方々の健康管理に携わることを経験することができた。次第にスポーツチームへと派遣されるようになると、学生時代から学んできた体力トレーニングの管理を任される機会も増えた。当時はトレーナーと言えば医療資格取得者が中心であったが、体力トレーニング指導を同時に進行するということは、限られた予算のなかで運営しているチームにおいては重宝された。25歳から27歳までの2年間働いた社会人ラグビーのチーム（伊勢丹ラグビー部）においては、科学知と実践知とは何かに気づき始め、フィールドで成果を上げることの面白さと難しさを存分に経験させていただいた。また、医療資格を持つことにより、選手とのコミュニケーションの手段は大いに広がった。トレーニング指導だけではない側面からも選手を観察する視点を持つことにより、トレーニング指導と管理のあり方にも影響を与えてくれた。

　仕事を進めるにしたがって自身の未熟さも痛感し、アメリカへの留学を決めた。アメリカでなければならない理由はなかったが、オリンピック、プロスポーツ、スポーツ科学を総合的に見たときに、最も近代スポーツの発展に貢献してきたのはアメリカではないかと、若い頃の筆者が漠然とした思いを持っていたからである。運動生理学/運動学を専行し、体操競技の指導者出身でもあるDr. Bill Sandsの門を叩き、Motor Behavior Laboratoryで爆発的な力発揮について研究を行った。同時に学生トレーナーとしてアメリカンフットボール、女子体操部、野球部を中心に実習を行った。夏はインターンとして野球のマイナーリーグで実習を行う機会をいただいた。27歳で渡米した筆者にとって、アメリカでは言葉のハンディも大きく、勉強は思うように進むことはなかった。日本にいた方が、よほど効率よく勉強することができたであろう。要点すら見えないなかで、できるだけの時間を費やしひた

すらに勉強し続け卒業に向かった日々は、それまで勉強の足りない日々を送っていた筆者には多くのものを与えてくれた。勉強とはピンポイントで欲しい情報を集めることだけではとても足りない、勉強を続けることからしか生まれない発見やひらめきがたくさんある、ということを認識できるようになったのはこの頃からである。

　また、身体の大きなアメリカ人アスリートのなかで仕事をすることも、日本人として中肉中背の筆者にとって、かけがえのない経験となった。種々のコンプレックスをぬぐい去ることはできなくとも、このなかで自分のアイデンティティを見出すためには、どのように知恵を絞らなければならないだろうかと日々考えることができた。このような環境で、日本人とヨーロッパ系、アフリカ系、ラテン系の人種のアスリートがそれぞれどのように違うのか、多くのスポーツ競技において形態的に不利とも言える日本人は、トレーニングの世界地図のなかのどこに焦点を当てていくことで秀でる可能性が出てくるのか、そんなことを自然と考えるようになった。

　アメリカ留学後には、縁あって韓国のプロ野球（SKワイバーンズ）で1年間コンディショニングコーチとしてチームの体力トレーニングを管理する仕事をいただいた。ここでは、類似した人種の選手指導をとおして日本との対比を見ることができた。また、韓国文化に触れられたことも大きな経験であった。

　このような経緯から、様々な競技スポーツ、様々な環境で仕事をすることを求め、自分自身のスペシャリティと思えるものを探してきた。大学まで選手であった陸上競技に始まり、これまでに、ラグビー、サッカー、アイスホッケー、テニス、フィギュアスケート、スピードスケート、アメリカンフットボール、体操、自転車、そして野球と多くのスポーツで仕事の機会をいただくことができた。また、日本、アメリカ、韓国の3つの国で仕事と学びの機会をいただいた。筆者はこういった経緯を見てもわかる通り、野球選手としては全くの素人である。したがって、トレーニング論、他競技との比較、様々な文化から学んだ経験から、野球というスポーツの特徴がどういったものかを筆者なりの視点でとらえ、野球という競技の特徴を考え続けている。野球というスポーツは他に類を見ない特徴を多く持っていることも事実である。しかし、トレーニングを進めていくためには、どんなに特殊性の高い競技であってもトレーニングの原理や原則が常に背景になければならないと実感している。同時に、トレーニングは各スポーツの特徴をとらえて進められるものでもある。野球素人の筆者の視点からとらえたものを提示し、多くの方の叩き台となり、

多くの意見をいただけることを望んでいる。

　本書は最新の科学的根拠に基づいて書いたものではない。筆者がスポーツ科学とトレーニング論を学び始めてから今日に至り、今後も変わらぬ本質的な部分となりうるであろうと思う事柄のみ記した。野球の特徴を筆者の視点でとらえ、運動とトレーニングの原理原則を背景に、野球においてどのように体力トレーニングを明確な目的のもとに進めて行くかを考えることを目的として執筆している。とくに、第6・7・8章の運動技術や動きに関する記述については、つたなくも学んできたスポーツ科学が背景にはあるものの、野球素人である筆者が、個性を排除して考えられる原則的な事柄について最低限説明することを試みたものである。全体をとおして、トレーニングや野球の何かひとつの部分に特化するのではなく、野球におけるトレーニング全体の地図のなかで、大きな都市とそれらを結ぶ大きな道路について書くことを意識した。

　筆者は、野球界での仕事をとおして、選手時代から野球を専門に行ってきた指導者の方々とたくさんの時間を過ごすことができた。これらの出会いから、野球ならではの技術習得の特徴や難しさがどこにあるのかを知らされると同時に、筆者に多くの知恵を与えてくれた。野球技術に還元することを目的として行う体力トレーニングのアイデアの多くは、フィールド上で生まれてきた。このような経験をとおして、体力トレーニングのスペシャリストとして、野球という体力的な特性をとらえづらいスポーツにおいて、これまでの野球選手のためのトレーニング方法、もしくは着眼点や留意点として、欠けているのではないかと思われることを主題として本書を執筆しようという動機が芽生えた。

　なお、本題に入る前に筆者が考える野球というスポーツ競技の特徴を示し、第2章以降に続くトレーニングの考え方を進めていくための序章としたい。

日本における野球の歴史

　我が国において国民に最も人気のあるスポーツは野球であろう。第二次大戦前・後の六大学野球、プロ野球は、現在に比べて娯楽の少なかった時代から、映画や大相撲と並んで最もポピュラーな市民の娯楽のひとつとして人気を博してきた。現在は、様々なスポーツ種目が注目されるようになり、いわゆる運動神経の良い子どもたちが様々な種目に分散されるようになっている。しかし、依然として高校野球で

甲子園に行くことやプロ野球選手になることは多くの子どもたちの憧れであり、野球には多くのスポーツタレントが集まっている。また、一般に余暇を利用して行われる草野球も、今もなお多くの人たちに愛され続けている。

日本における代表的なチームスポーツには、野球の他にサッカー、バレーボール、バスケットボール、ラグビーなどがあり、これらのなかで野球の伝来は最も古いとされているが、いずれも19世紀の終わりから20世紀の初頭にかけて日本に伝わっており、その差は20～30年程度である。とくにサッカーとは伝来時期もほとんど変わらない。伝来当初は国の政策であった富国強兵のもと、スポーツは身体修練としての要素が強かったようである。また野球の普及度、人気は、世界的にはサッカーなどの他のスポーツに比べて比較にならないほど低い。このようななかで、なぜ日本では戦前から、野球が娯楽として多くの人に親しまれ、またいち早く職業野球として発足し長く親しまれてきたのかについては興味深いものがある。

一方、国民の人気を独占的に得てきたことによるのか、他のスポーツからは独立して発展した歴史を歩んできた側面がある。例えば、高校野球は高校生アスリートの最大の総合スポーツイベントであるインターハイには参加せずに独自に選手権大会が行われており、その人気や注目度は他のほとんど全てのスポーツを束ねたインターハイの比ではない。野球というスポーツには他に見られない特徴が多く見られるが、どのスポーツであれ独特の性質を持っているので、野球だけがその点において特別ということはないであろう。野球は日本人の気質にどのようにマッチしたのだろうか。

日本人の気質と野球

日本人は、古くから、職人のモノづくりに代表されるように、自分自身のプロフェッションを深く追求し、言葉では容易に説明できない職人技を身につけ練り上げていくという作業が好きな民族であると言える。島国という地理的な特徴と長い間鎖国状態にあったという歴史的な特徴を持つ社会背景が、新しいものに対して敏感ないわゆるミーハーな側面と、閉鎖的な環境のなかでも物事を根気よく練り上げていくという側面の両方を際立たせて発達させたのかもしれない。

その一方において日本人は、力を合わせてチームワークで物事を達成することにも優れた一面を持つと言われる。2011年の東日本大震災などの自然災害において

も、大きな暴動や混乱はなく、秩序を保ち事態に向き合おうと努力する多くの被災者の行動は世界を驚嘆させた。スポーツにおいても、勝つためにチームにより貢献するプレーに徹しようとする。

野球は、この職人気質と和の精神によくマッチしているスポーツではないかと感じる。野球独特の技術的なパフォーマンスや、特定の体力の優劣に偏らない様々な選手が集まり、様々な個性をチームとして機能させることも日本人好みなのであろう。言うまでもなく、競技スポーツにおいてはその競技に即した技術力（技）、体力（体）や精神力（心）が要求されるが、高いパフォーマンスを発揮するために、また戦術を成功させるために、技術的な要素が占める割合が非常に高いことも野球というスポーツの特徴であろう。バットでボールをとらえてヒットになれば打者が勝ち、バットが空を切れば投手が勝つ。投手は自ら動いて投げることができるが、打者は投手ができるだけ打ちにくく投げてくるボールに対して反応しバットでとらえようとする。このような一見単純に見えるパフォーマンスも、野球のファンにとっては興味つきないものがある。総合的な体力ではとてもかなわないように見える相手を巧みに負かす場面もしばしば見られる。

塁間、ホームベースからピッチャーズマウンドまでの距離は、野球というスポーツを行う上で絶妙である。フィールドの大きさや形状、カウントの取り方、ピッチャーだけが他のプレーヤーよりも高いところでプレーすることなど、全く他競技には類を見ない特徴が多く見られる。攻撃と守備は明確に区別されていること、一球一球仕切り直すこと、次のプレーをチーム全体で考えながら試合を進めることなど、動のなかに静があり静のなかに動があることもまた野球に独特なものである。このような特徴を含んだ野球の試合形式は、サッカーなどのように味方同士でパスを繋ぎながらゴールを目指す球技スポーツと比較しても、またテニスのようにサーブの後に相手のボールを打ち返し続ける球技スポーツと比較しても、独特なものがある。これほど他のどの競技とも異質な競技は非常に珍しい。身体（体）と精神（心）を基にして技術（技）を習得し、戦術を練り上げていくプロセスと独特の特徴を持つ試合形式が、日本人の気質にうまくとけ込んだのではなかろうか。

日本の野球を見る

野球は国際的な普及度は決して高いとは言えないが、1980年代からはオリンピ

ック種目にもなり、2008年の北京大会を最後にオリンピック種目からは除外されたものの、2006年からはワールド・ベースボール・クラシック（WBC）として、世界の最高峰を争うトーナメントも開催されている。アマチュア選手たちの間でも半世紀以上にわたり、様々なレベルの様々な国際的なトーナメントが行われている。これらのトーナメントにおいて日本代表チームは優秀な成績をおさめている。WBCは、各国のプロ野球におけるリーグ戦の試合の多さに加えて、トーナメント形式や開催時期などの理由から、真の世界一を争う戦いとは言えないという批判もあるが、日本の野球はWBCの2連覇という快挙に代表されるように、国際的にも非常に高い水準にある。またメジャーリーグにおいても、先駆けである野茂選手やイチロー選手に続き、ダルビッシュ投手や田中投手などに代表されるように、主力として活躍する日本人選手は少なくない。

　これらの背景には、野球は競技人口が多く、スポーツタレントが集まるということがあげられるが、それだけではないであろう。むしろ、国際的に見ると体格などは決して恵まれていない日本人にも、高度な野球の技能（技術×体力×精神力）を獲得することによって、より高いパフォーマンスを発揮することが可能であることを示すものではなかろうか。言い換えると、野球は、より高度な技術を身につけることができれば、筋力やスピード・パワーなどの体力に劣っていたとしても、高いパフォーマンスを発揮できることを示すものであろう。

　それでは、日本においてはこのような高い能力を持った選手をどのように育成しているのであろうか。

　日本では、多くの選手は10歳前後から野球を始める。小学校、中学校までは学校スポーツ、もしくは地域におけるリトルリーグやシニアリーグでの活動が一般的であり、高校に入ると大部分の選手は学校の運動部において活動する。その後、大学や社会人野球へと進んでいく選手、プロへのチャンスをつかむ選手がいる。しかしいずれにおいても、高校野球の甲子園大会に代表されるように、各段階において全国的に注目を集めるトーナメントが組まれているために、指導者は自分の手元に選手がいる間にできる限りの成果を上げることを目的として選手育成が行われていることも少なくない。

　この理由として、指導者ライセンス制度が確立しているサッカーなどに比べて、野球においては指導者が最低限の共通の教育を受けていないことや、依然として残

るプロとアマチュアの規定の問題などもあり、客観的な知見に基づく体系的な育成システムを確立してこなかったこと、なども考えられる。偏りの強い育成環境は選手の情熱を冷まし、若い選手をグラウンドから遠ざけることにもなるかもしれない。また、高校野球にみられるように、全国に4000以上の高等学校が硬式野球部を持ち、トーナメントに参加しているにも関わらず、限られたチームに優れたタレントが集まる傾向が未だ強く、ここに多くのタレントが埋もれてしまう可能性も大きな問題のひとつであろう。このことは、野球のみでなく、他のスポーツ種目も抱えているスポーツ界全体の問題でもあろう。

アメリカの野球を見る

野球の発祥地アメリカでは、どのようにして選手を育成しているのであろうか。アメリカでは、日本のように高校野球が注目されることはない。多くの選手は地域の高校に進学して活動しており、高校進学の際に野球のために学校を選ぶということはほとんどない。それでも全米中にスカウトがまわり、注目選手は高校卒業時にプロにドラフト指名される選手と大学進学を選ぶ選手に分かれる。ここではドラフトのルールが日本とは大きく違うことに関する詳述は割愛するが、アメリカではドラフトで毎年1球団あたり50人ほどが指名される。

高校卒業時には、4年制大学の他に短大に進学する選手もいる。短大からプロにドラフト指名される選手もいれば、4年制大学に転学し、その後プロからドラフト指名される選手もいる。全米には、各地区に分かれて100校以上のリーグ戦1部に所属する大学があり、この下には2部、3部や短大があるので、それほど優秀な選手でなくとも必ずどこかに所属してプレーを続けるチャンスがある。日本のように有名大学にタレントが集中し、若い時期に同じチームに良い選手が重なるために出場機会を失い、さらに上のレベルでの出場機会を失うことは起きにくい。さらに、各球団が毎年ドラフトで50人の選手を指名するので、プロ野球チームに所属できる可能性は日本に比べてはるかに高い。

プロに入ってからの育成は、メジャーリーグを頂点に、6～7段階のレベルからなるマイナーリーグで行われる。アメリカでは4軍にあたる1Aレベルからは、約140試合が約160日の期間に行われ、選手は試合のなかで技能（心技体）を磨き、それができないものは振るい落とされていく。秋には教育リーグが行われ、冬にも

ドミニカなどのカリブ諸国でのウィンターリーグに参加する選手もいる。教育リーグに招集されない選手は、早ければ8月末から9月初旬にはシーズンが終了し、球団から次のシーズンのために招集されるのは3月の春季マイナーリーグ・キャンプからである。試合のなかで力を発揮して、6〜7段階の各レベルでの振るい落としの結果、残ったものがメジャーリーグの檜舞台に立つことができる。

　試合以外での1年間のチームの練習時間は、日本の半分にも満たないであろう。選手が生来持つ運動能力やアマチュア、プロを通して非常に大きな裾野を持つスポーツ環境などを考慮すると、アメリカにおいてはこのような育成システムが可能になるのであろう。これを現在の日本にそのまま当てはめることは難しいが、より良い育成のためにどのような部分を導入することが可能であろうかを考える余地があろう。

他競技との比較

　日本においては、先に述べたように、野球を筆頭にそれぞれのスポーツ競技が閉鎖的な発展過程を辿ってきた傾向が強い。アメリカにおいては高校生であれば何種目も掛け持ちで行うダブルアスリートやトリプルアスリートは珍しくないが、このようなことは日本の高校生トップアスリートにはほとんど見られない。

　そのなかで、陸上競技のようにより速く、より高く、より遠くに、といった数字で明確に他の競技者との比較ができる競技は、100分の1秒でも早くゴールしたものが勝ち、1cmでも高く、または遠く跳んだもの、投げたものが勝つというように、勝負の判定基準は明確である。したがって、陸上競技選手に必要とされる体力・技術特性を身につけていくためには、どのようなトレーニングが行われるべきかは検討しやすく、体系立ててトレーニングを進めようという意識が比較的高い。試合でのパフォーマンスを頂点に持っていくために、必要な各体力要素をできるだけ明確に目的とした状態に仕上げることは、陸上競技においては必須の課題となる。

　その他のスポーツではどうか。例えば、サッカーではスピードや運動量が相手との直接的な駆け引きのなかで決定的な違いを生み、ラグビーではこれらに加えて筋力が相手とのコンタクトで決定的な優位性をもたらす。バスケットボールやバレーボールでは相手よりも高く跳べることが、シュートやスパイクといった技術を成功させるために明確な違いをもたらす。これらの競技を対象に、筋力、無酸素性パワ

ー（パワー）、無酸素性持久力、有酸素性持久力などの体力要素の意義を研究し、それぞれの競技やチーム、個人の目標設定を行い、科学を背景により効果的にトレーニングを行うということは、野球に比べるとパフォーマンス向上への意義をとらえやすいと言えるのではないだろうか。優れた筋力やパワーといった要素は野球を行う上でも非常に重要であることは疑う余地はない。しかし、これらを備えていることが他の例に挙げたスポーツに比較して、必ずしも明確にパフォーマンスに繋がっていないのが野球であると、多種目のアスリートのトレーニング指導に携わってきた立場から筆者は感じている。これらの能力が他の野球選手と比較してそれほど優れていなくても、役割によっては高いパフォーマンスを発揮している選手も少なくない。一定のスピード・パワーを備え、巧みな技術を持った打者であれば、最低限の走塁を行うことができる走力があれば、その他の能力に著しく劣っていても、打者としての役割を果たせる可能性がある。老獪なピッチングで筋力やパワーの衰えを技術でカバーしている投手には、野球ならではという面白さを感じる。

　野球という競技は、そのパフォーマンスのなかで技術が占める割合が高く、たとえ同じポジションの選手であっても個々の体力特性や役割がそれぞれに大きく異なるスポーツである。サッカーやラグビーでも体格には選手によって違いがあるが、サッカーにおいて高いパフォーマンスを発揮するためには、一定水準以上の無酸素性パワー（とくにスピード）や無酸素性持久力、有酸素性持久力が要求される。ラグビーにおいても筋力、無酸素性パワー（パワーやスピード）、無酸素性持久力、有酸素性持久力といった体力要素は高い水準で要求され、ポジションによってより速いスピードを求められる選手、より大きな筋力・パワーを求められる選手がいる。このように、その種目によって目的とされる体力的特性はそれぞれのスポーツにおいてある程度明確なものがあり、ここにスポーツ科学を活用してより高いトレーニング効果を求めるのである。

　野球においては、筋力やパワーが重要であることは明確であるにもかかわらず、これらに特化してトレーニングを続けた結果、それぞれの要素の向上は見られたものの、パフォーマンスには期待した効果が得られないということも少なくない。古くは走り込み、投げ込み、打ち込みなどを中心とするトレーニングが野球界では常識となってきたが、目標設定が明確にならないために、トレーニング量に頼るという指導も起こりやすい。表1（P16）に、野球と野球以外のスポーツ競技の体力特

表1 各種競技スポーツの体力から見た特性

スポーツ種目		運動様式	筋力	無酸素性パワー	無酸素性持久力	有酸素性持久力	柔軟性	調整力
陸上競技	100m	スタート、スプリント走（加速、全速）	○	◎			△	◎
	400m	スプリント走（全速、持久）	○	○	◎		△	◎
	1500m	スプリント走（持久）、持久走	△		◎	◎		○
	10000m	持久走	△		○	◎		△
	走り高飛び	跳、助走	○	◎			○	◎
	棒高跳び	跳、助走	○	◎			○	◎
	走り幅跳び	跳、助走	○	◎			○	◎
	砲丸投げ	投、助走（グラインド、回転）	◎	◎			△	◎
	やり投げ	投、助走	◎	◎			○	◎
水泳競技	自由形 100m	スタート、スプリント泳、持久泳、ターン	○	○	◎	○	○	○
	400m	スタート、持久泳、ターン	○	○	◎	◎	○	○
	1500m	持久泳、ターン	○		○	◎	○	○
体操競技	男子	床、鞍馬、吊り輪、跳馬、平行棒、鉄棒	◎	◎	○	△	◎	◎
	女子	床、跳馬、段違い平行棒、平均台	◎	◎	○	△	◎	◎
テニス		打、方向変換走	○	○	○	○	○	◎
柔道		投、受、寝技	◎	◎	○	○	○	◎
バレーボール		守備（移動、パス・トス）、攻撃（助走、跳、打）	○	○	○	○	○	◎
バスケットボール		投（パス、シュート）、各種の走、跳	○	○	○	○	○	◎
サッカー	フィールドプレーヤー	蹴（パス、シュート）、各種の走	○	○	○	○	○	◎
	ゴールキーパー	蹴、各種の跳	○	○	○	△	○	◎
ラグビー	フォワード	投、補、スクラム、タックル、各種の走	◎	○	○	○	○	◎
	バックス	投、補、タックル、各種の走	○	○	○	○	○	◎
野球	守備 投手	投	○	◎	△	△	○	◎
	守備 野手	スプリント走、補、投	○	◎			○	◎
	攻撃 打撃	打、走	○	◎			△	◎

◎○△の順に重要であることを示す

性についておおまかにまとめたが、野球がどのような体力特性を持つスポーツかをこの表1(P16)のなかで表すことは、他のスポーツ競技と比較しても容易ではない。

野球競技の特性

　このような野球というスポーツ競技の体力特性の曖昧さは、野球への興味をより大きなものにしているかもしれない。野球への関心の高さから、野球に関する体力トレーニングを紹介した書籍をはじめとした情報は非常に多い。しかし、これらのなかで語られていることは、野球というスポーツの特性からか、肩関節や肘関節の周辺を中心とした局所の機能訓練であることが多い。また、専門的な体力トレーニングとして、バランスボール・ボードなどを使った全身のバランス感覚を養成することを目的とするトレーニングや、ラダーやミニハードルなどを使ったアジリティ（俊敏性）を養うトレーニングなど、様々な手段が紹介されている。これらは野球を行っていく上で傷害予防などの観点からも非常に重要であるが、これらによって野球のパフォーマンスが顕著に向上するということはないであろう。

　日本人の気質として、いわゆるミーハーな側面を持つということを先に述べたが、次から次に出ては消えていくトレーニング手段、これらに特効薬のような働きを求めることがトレーニング現場では少なくないように思える。実際の野球の技術（動き）にどのように還元され、応用されるのか、明確にできないままでは思うように活用することはできないであろう。選手や指導者は、存在するものならば特効薬が欲しいと思うのはある意味で当然であろう。筆者自身も若い頃は何か特効薬のような手段はないのか、新しいものから漁るように探していた。これらのなかには状況によっては功を奏するものもあり、使い方次第でロードマップのなかの重要なバイパスになることもある。ただし、これらの様々なトレーニング方法は、競技力向上のためのトレーニング全体をとらえることなく行えば、時間とともに淘汰されてしまうこともしばしばである。

　これをふまえて、いかにトレーニング全体の地図を描き、それぞれの手段が全体のなかで何を意味するのかを考え、示していくことが指導者の役割ではないだろうか。どのスポーツでもそれぞれに特有の技術が求められるが、多くの球技スポーツにおいては、各体力要素（筋力、パワー、持久力など）を直接的な背景として激しい競り合いが行われる。しかし、野球ではこれらの体力要素がどの場面でどのよう

に活用されているかは、他のスポーツに比べて曖昧なところが少なくない。筆者は、このような野球の特徴から、体力トレーニング全体において２つの目的について強調して選手に理解させることを心がけている。ひとつは、野球選手としての生理解剖的条件（筋力、無酸素性パワー、無酸素性持久力・有酸素性持久力、柔軟性など）を高い水準で身につけることである。もうひとつは、野球技術に還元できる動作を用いて、動きを修正改善していくためのトレーニング手段を体力トレーニングとしてできるだけ多く採用していくことである。野球に限らず、どのようなスポーツ種目でも、体力的な特性をとらえて生理的な適応を目的とすると同時に、そのスポーツ特有の技術が身につくために必要な身のこなしを習得するために、動きに着目したトレーニング手段を盛り込むことが非常に重要である。高度に適応された身体機能を各競技で活かすためには常に動きに着目することが欠かせない。これを明確にするための手がかりとして、また叩き台として筆者は本書の執筆を試みたのである。

　ただし、投打に代表される野球技術のスタンダードを理解することは容易ではない。投手はただ速いボールを投げれば良いわけではなく、ボールをいかにコントロールできるか、また、先発完投したり、リリーフピッチャーが連投をしたりという過酷な状況下で傷害に陥りにくい投球動作でなければならないということも、その運動技術に特定の指針を与えることを困難にしている。打撃においても、単にスイングスピードが速いというだけでなく、速球や様々な変化球に対応しながらバットでボールをとらえる確率を上げるような技術、長打をねらいやすい技術など、目指すパフォーマンスは選手によって異なる。それぞれの選手が、異なる投球や打撃のスタイルを目標として技術向上を目指しているため、投打を中心とした技術を科学的に分析し、ひとつのスタンダードを説明し、体系的にとらえることを困難にしているのかもしれない。

　しかし、個性をできるだけ排除して、多くの選手に共通して習得すべき動きのポイントが存在すると筆者は考えている。各スポーツにおいて、体力トレーニングをより強くパフォーマンスと結びつけるためには、各スポーツにおける動きと密接に関係づけたトレーニングが不可欠である。野球における動きをいかに体力トレーニングをとおして身につけるかを考えるために、技術指導を行うコーチとの相互理解のもと、技術を背景におき、動きを明確にした体力トレーニングを進めていくことが重要であると考えている。この課題に向かって、アメリカの大学、マイナーおよ

びメジャーリーグ、韓国のプロ野球、日本のプロ野球で野球選手の指導に携わってきた。動きに関する着眼点・留意点を明確にしてトレーニング全体を進めていくということが、野球をとおして筆者が試みてきたことである。この試みの一部を知っていただき、修正改善のためのご意見をいただきたいと思っている。本書において、野球における運動技術のなかで最も注目される投打の動きを、できるだけ簡素に、できるだけ原理原則的にとらえることを試みている。これが投打の動きのスタンダードであるとか、こうすればうまくなれる、ということを述べようとも、説明できるとも考えてはいない。筆者がどのように野球における専門的な運動技術をとらえ、これをトレーニング全体に反映させていけば良いかを紹介しているにすぎないことを強調しておきたい。

　現在、スポーツは社会において様々な役割を担っている。そのなかでも、青少年を育成するための手段としてスポーツが果たす役割は大きい。スポーツをとおして、筋道を立てて目標に向かい、体力と知力を磨いていくことは人材を育成する上でも大きな意味を持つと筆者は考えている。勝つことこそが競技スポーツで成功するための厳しいトレーニングを行う原動力となる。力の及ばなかったものが相手を上回るためには、その過程で相手を上回らなければならない。筋道を立てて問題解決を目指すその過程は、人を知的に行動させ、取り組みそのものに意味を持たせるのではなかろうか。このような環境を実現するためには、選手、指導者、運営者らの組織が一体となって、野球選手・チームの育成とはどうあるべきかを計画（Plan）、実践（Do）、評価（Check）、改善（Action）のもとに進めていくべきであると考えている（P24図4）。

2 野球において要求される運動技能とその優劣を決める要因

野球のパフォーマンスを支える運動技能とはどのようなものであろうか。ここでは、野球において高いパフォーマンスを発揮するために必要な運動技能とその優劣を決めるおもな要因を整理する。

1　野球において要求される運動技能

　野球のパフォーマンスを決めるおもな運動技能は、投球技能（ピッチング能力）、打撃技能（バッティング能力）、捕球技能（キャッチング能力）、送球技能（スローイング能力）、走技能（スプリント能力など）に大別されよう。これらの技能は、攻撃と守備に分けて、また守備はポジションに分けてとらえておくと、選手の発掘やトレーニングを進めていく上で役立つと思われる（表2）。

表2　野球におけるおもな運動技能

攻撃	打者	打撃技能 （長打能力、単打能力、バント能力、特定の方向への打能力、など）
	打者走者	走技能 （スプリント能力、走塁能力、など）
守備	投手	投球技能 （速投能力、変化球能力、ボールコントロール能力、など）
		走・捕球・送球技能 （フィールディング能力、など）
	捕手	捕球技能 （キャッチング能力・ハンドリング能力、ブロッキング能力、など）
		送球技能 （盗塁阻止能力：速投能力、ボールコントロール能力、など）
		走・捕球・送球技能 （フィールディング能力、ハンドリング能力、速投・ボールコントロール能力、など）
	内野手	走・捕球・送球技能 （フィールディング能力、ハンドリング能力、速投・ボールコントロール能力、など）
	外野手	走・捕球・送球技能 （フィールディング能力、ハンドリング能力、遠投・速投・ボールコントロール能力、など）

野球は、左記のそれぞれの技能を、ある時間にわたって連続的に発揮することは少なく、9イニングのなかで、間（ま）を取りながら、あるいは局面や場の状況を的確に判断をしながら爆発的に集中的に発揮することに大きな特徴がある。ただし、投手、とくに完投型の投手においては1試合を投げ続ける能力が要求され、野手においても1試合を守り続ける能力が要求される。また、とくにレギュラー選手においては、リリーフ投手も含め、その試合のみでなく、ある期間にわたって行われるトーナメント戦やリーグ戦を毎日のように戦い抜く能力も要求される。これらは、他の球技スポーツには見られない野球の大きな特徴であろう。

技術と技能

　上述のように、野球において要求されるおもな技能を示した。技術と技能という言葉をよく耳にする。両者にはどのような違いがあるのだろうか。

　いくつかの辞書を参照すると、技術は仕事の効率や効果を上げるための、科学を背景に進歩していくテクノロジーを示すことが多い。これに対して、技能とは開発された技術を使いこなす各個人に備わった能力ということができよう。

　いわゆるモノづくりに携わる人材からのアンケートをまとめた報告において、技術と技能に関する興味深い考察がある。科学的裏付けを持つ方法・手段が技術であり、技術は表現できる普遍的なものであるとするものである。この方法や手段は、ルールや原則を示すものであり、モノづくりはこのルールと原則に基づいて計画され、合理的・効果的な成果をもたらすと説明している。一方、技能は個人に属する能力で、体験や経験に基づくカンやコツ、感性といった、言葉で表現しがたいものを含む実際的・実践的なものであるとしている（森1996）。

　これらをまとめると、技術は何かを合理的に行う方法であり、技能は技術を発揮するために個人に備わった能力であると言えるのではないだろうか。

野球における技術と技能

野球を含むスポーツ界においては技術と技能をどのように考えているのであろうか。スポーツ科学辞典（日本体育学会、2006）によれば、運動技術は、ある運動を合理的かつ効率的に行う実施方法であり、論理的で一般的な知識体系であるとし、運動技能は個人の経験的な機能体系であるとしている。また、運動技術は"わかる"もの、すなわち認識するものであり、運動技能は"できる"もの、すなわち体得するものであるとしている。

また、技術は運動として遂行された後に科学的な分析などの手法で合理性を示すことが可能であるが、技能はその選手が持つ様々な身体的・体力的特性や、知性、精神力、実体験から培われたコツやカンなど、多くの要因が結集した個人の能力であると考えられる。

科学によって物理数学的に説明された合理的な技術を、人間の意図的な身体運動によって表現するためには、客観（科学）から主観（実践）へ移すという非常にやっかいな作業を要する。言い換えれば、デジタルに説明できるものをアナログへと変換することが、技術を技能として習得することではないかと筆者は考えている。ただし、実践においては"わかって"いなくても"できる"、"わかる"けれどもいつまでたっても"できない"、ということも少なくない。このことが野球という技術的な要素が高いスポーツ指導において、指導とトレーニングを体系化することをより難しくしている大きな要因のひとつではなかろうか。

2　運動技能の優劣を決める要因

競技力（試合パフォーマンス）は、昔から「心技体の積（かけ算）」によって決まると言われている。ただし、野球のような球技スポーツにおいては、様々な運動技能の統合された結果で競技力が決まるので、一口に「心技体の積」で決まるとは言えないが、競技に内在するそれぞれの運動技能の優劣は、「心技体の積」としてとらえておくことはできよう。

競技力（試合パフォーマンス）＝技術（技）×体力（体）×精神力（心）
運動技能＝技術力（技）×体力（体）×精神力（心）

このように運動技能も「心技体の積」として表されるとしても、例えば攻撃の技能と守備の技能を比べてみればわかるように、運動技能の違いによって要求される

心技体のなかみと重要度は大きく異なっている。また同じ投球技能でも、投げ方によって、あるいはイニングや走者を背負っているかなどの状況の違いによって、そこで要求される心技体のなかみと重要度は大きく異なっている。

したがって、1で掲げた野球におけるそれぞれの技能について、技術面、体力面、心理面から詳細に分析しておくことが重要になる。本書では、このうちの体力面に焦点を当て、そのトレーニングのあり方について考えていく。

心技体＋知

様々な運動に対する技術、体力、精神力の関わり方については、根底に精神的要素（心）があり、その上に身体的要素（体）、さらに技術・戦術的要素（技）が位置していると説明されることが多い（図1）。

心技体はそれぞれが密接に関わりあいながらスポーツパフォーマンスを支えている。高度に訓練された競技者のパフォーマンスを支える心技体に知力

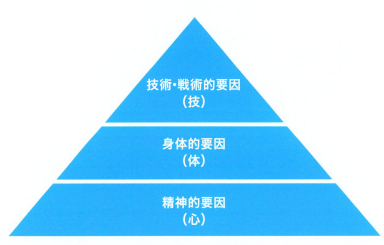

図1　競技スポーツにおける心技体の関係性

を加え、図2のようにとらえることも可能であろう。

　技術は体力的な特性を背景に身につけられることが多いが、例えば内野手のハンドワークなどのように、体力そのものとの関係が大きくない場合もある。戦術は、個人の体力や技術から発揮される技能を背景に組まれることが多いが、アイデアやひらめきひとつで生まれる場合もある。成熟した競技者ほど心技体（と知）は強く関わりあっていると考えられる。

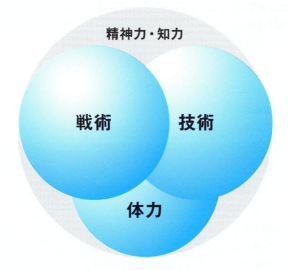

図2　競技スポーツにおける心技体と知力の関係性

体力、技術、戦術の全体に占める割合や重なり合い方は、競技種目や状況によって異なる。それぞれは他の要素と関わらずに独立した部分もあるが、多くは関わりあって存在していると考えられる。また精神力や知力は全ての部分の背景にあると思われる

スポーツにおける精神力と知力

　野球選手にとって必要な精神力と知力には、おもに以下のようなものが考えられる

　① 緊迫した場面においても自らの持つ技術・体力を発揮する力

② 長い試合のなかで集中力を適切にコントロールし継続していく力
③ 日々のトレーニングを重ねていくための意志力
④ 目標に向かって課題を分析する能力
⑤ 課題の達成に向かって思考し、トレーニング手段や計画を作成するために選択、判断、創造を行う能力
⑥ 戦術を分析し、選択、判断、創造を行う能力

　精神的なトレーニングは、野球の技能を身につけるためのすべての場面において行われている。技術と体力の向上のために継続的にトレーニングを積み重ねていくには精神力が支えとなる。日々の積み重ね、その準備のための日常での取り組みに至るまで、全てが精神的なトレーニングの場となる。試合の緊迫した場面で技能を発揮する実体験そのものも精神的なトレーニングの場であり、技能を発揮できるかどうかは精神力に強く支えられている。

　精神力は試合のような厳しい状況で、冷静に自分自身の能力を発揮するための集中力の源であり、日々の厳しいトレーニングをこつこつと続ける根気の源でもある。目的に向かって根気よく積み重ねた結果として獲得された技術と体力には根拠があり、これが試合の厳しい競争下で選手個人やチームに自信を持たせ、技能として発揮することを可能にするのではなかろうか。目的を明確にし、実践知や科学知からなる根拠をもとに筋道を立てて日々のトレーニングを積み重ねていく作業は、より多くの選手を積極的なトレーニングへと導き、不確定な未来の成果へと向かう動機付けを可能にする。このことが根気を生み、精神的なトレーニングを促す。精神力は、スポーツ実践と離れてテクニカルに強化できる可能性もあるが、同時に、日々のトレーニングや試合、これらにまつわる日常の取り組みを通じた積み重ねによってトレーニングされるものではなかろうか。

　スポーツ競技において知力はどのように働いているだろうか。試合のなかではおもに戦術的な能力として発揮される。自分自身と相手との能力を分析した上で、どのような戦術が試合を優位に進めていくために適切であるかを判断する能力である。戦術は、チームのなかでユニットとして行われる場合や個人で行われる場合があるが、戦術を実行する際の状況判断能力も戦術的な知力のひとつと言える。

　また、前述したように合理的に目標に向かってトレーニングを進めていくためには、根拠に基づいて効果的に日々のトレーニングを進めていかなければならない。正しい手段を選択したり、何が合理的かを判断したり、新たな手段を創造するのは知力である。目標を明確にし、達成に向かって根拠を持ち、具体的な目的を持ってひとつひとつのトレーニングを行う取り組みの背景のひとつとなっているのは知力であると言えよう。

3 トレーニングの一般的な進め方

野球における体力トレーニングの進め方について考える前に、野球選手としての技能（心技体）を向上させるためのトレーニングの全般的な進め方について整理しておきたい。

1　トレーニングの種類

トレーニングは、心技体の開発を図るために意図的、計画的に行われる一連の活動である。しかし、あるひとつの活動で心技体の全てを開発することはできないので、最近では、トレーニングを大きく次の3つに分けてとらえている。

　　a．**技術トレーニング**：野球における専門的な技術の向上を目的としたトレーニング（慣習的に、技術練習または単に練習"practice"と呼ぶことが多い）

　　b．**体力トレーニング**：ある技術を獲得するために、あるいは傷害を予防するために、これらに直接的または間接的に関わる体力要素の向上を目的としたトレーニング

　　c．**メンタルトレーニング**：野球に必要な精神的能力の向上を目的としたトレーニング

野球のトレーニングでは、この他に戦術トレーニングもある。

　　　　戦術トレーニング：身につけた各種の運動技能をチームとして組織的に機能させるためのトレーニング

上記のようにトレーニングのおもなねらいが心技体のいずれかにあったとしても、実際のトレーニングにおいては技術トレーニングのなかで体力や精神力の向上を図ったり、体力トレーニングのなかで技術や精神力の向上を図ったりしている。すなわち、これは技術トレーニング、これは体力トレーニングというような大きな境界線を引くのではなく、相互に重なりあい、関与しあっていることを理解しておくことが大切である（P24図2）。とくに本書で取り扱う体力トレーニングにおいては、

常に野球の技術と技術トレーニングに絶えず心を配っておくことが大切である。そのことによって、野球の競技力（パフォーマンス）に結びつく意味のある体力トレーニングを行うことができるからである。

2　トレーニングとコンディショニング

近年、トレーニングとコンディショニングという用語がよく用いられているが、両者の区別は野球界のみでなく、スポーツ界全体においても明確になっていないようである。

筆者は、コンディショニングは試合に向けて心技体をできるだけ良い状態に調整していくための、生活を含めた全ての活動であり、大きく次の2つの活動からなるものとしてとらえている（図3）。

  a．トレーニング　　　　　心技体を発達・維持するための身体活動：
           技術トレーニング、体力トレーニング、メンタルトレーニングなど
  b．トレーニング以外の活動　トレーニング効果を高めるための諸活動：
           食事、体調維持のための身体トリートメント、休養、睡眠など

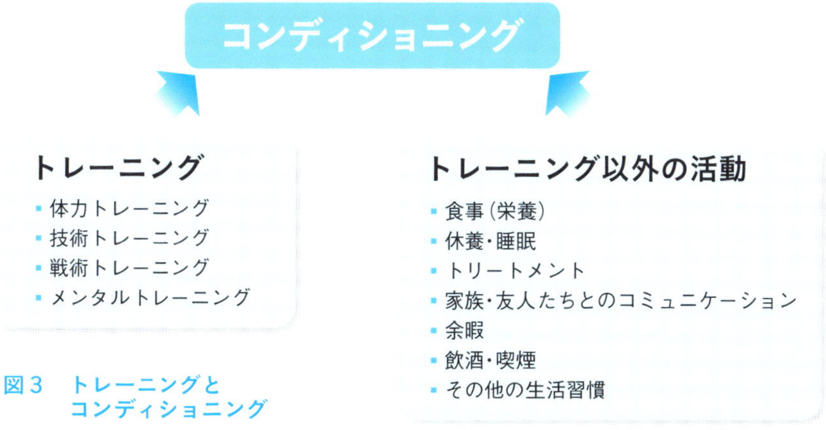

コンディショニング

トレーニング
- 体力トレーニング
- 技術トレーニング
- 戦術トレーニング
- メンタルトレーニング

トレーニング以外の活動
- 食事（栄養）
- 休養・睡眠
- トリートメント
- 家族・友人たちとのコミュニケーション
- 余暇
- 飲酒・喫煙
- その他の生活習慣

図3　トレーニングとコンディショニング

"トレーニングでコンディショニングをする""トレーニング以外の諸活動でコンディショニングをする"は、まさに試合に向けて心技体を最良のコンディションにしていくための車の両輪である。競技者、とくにトップアスリートにとって、トレーニングを中心とする生活の全てがコンディショニングであるとみなすことはきわめて大切であろう（P27図3）。

一方、トレーニングの現場においてはピーキングという用語もよく用いられている。ピーキングは、試合に向けて心技体を最良のコンディションに調整していくことであるとみなせば、コンディショニングとほぼ同じ意味になるが、トレーニングの現場においては、陸上競技や水泳競技のように、目指す試合に向けて比較的短い期間において心技体を最良のコンディションに持っていく活動としてとらえている。このとらえ方は、プロ野球のように試合シーズンが長く、試合頻度が高い競技においては、必ずしも当てはまるものではない。

プロ野球では、シーズンのある決まった時期や日時にピークパフォーマンスを発揮することよりも、常にあるレベルの体調と心技体のコンディションの維持を目的として、トレーニングの強度と量を注意深く変化させながらコンディショニングが行われている。ただし、週に1度の頻度で試合に出る先発投手の場合は、約7日間のサイクルのなかで、どのようにピーキングを行うかということについて考慮することは大切である。日本シリーズのような短期決戦もピーキングはきわめて重要である。

コンディショニング、ピーキングのいずれにおいても難しいことは、技と体と心のコンディションがいつも同じように変化していくとは限らないことである。それだけに、技術トレーニング、体力トレーニング、メンタルトレーニングの内容やトレーニング以外の諸活動の内容に、すなわちコンディショニングの内容に絶えず目を向けておくことが大切になろう。

3　PDCAサイクル

近年、トレーニングを実行していく際の手順として、PDCAサイクルという考え方が定着している。PDCAサイクルは、1950年代にエドワード・デミング（William Edwards Deming）らが提唱したもので、品質管理などのマネジメント手法として広く活用されている。Plan（計画）、Do（実践）、CheckまたはSee（評価）、

Act（処置・改善）のサイクルにより、継続的に物事を改善させていくという考え方である。ビジネスマネジメントの手法として広く知られるが、これはトレーニング管理においても同様である。

PDCAサイクル

Plan　① トレーニング目標を設定する
　　　② トレーニング手段（運動）を準備する
　　　③ トレーニング計画を作成する
Do　　④ トレーニングを実践し、その内容を記録する
Check　⑤ トレーニング効果を観察・測定などにより評価する
Action　⑥ ①～⑤を見直す

PDCAサイクルにしたがってトレーニングを進めていくことは、実践知（経験知）と科学知（学問知）からなる知的能力を背景にした作業である。野球においては、少年野球から中学校、高校、大学へと進み、さらに社会人やプロ野球まで進んでいくなかで、チームが変わり指導者が変わることなど、環境の変化が頻繁に起こる。これに対応していくためには、少年野球のときから自律してトレーニングを進めていくことができる能力を身につけていくことが大切である。PDCAサイクルは、繰り返すにつれてスパイラル状に全体が向上していくものでなければならない（図4）。また、日々の小さなサイクルと、その蓄積からなる大きなサイクルがあることを意識するべきであろう。そのためには、選手と指導者が一緒になって知恵を出し、知的能力を向上させていくことが大切になろう。

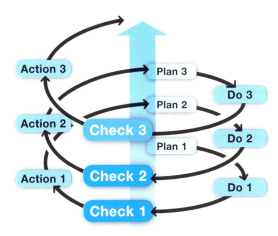

図4　スパイラル状に向上していくPDCAサイクル

4 野球における体力トレーニングの進め方

ここでは、体力とは何かを理解し、PDCAサイクルにしたがって体力トレーニングを合理的に進めていくための基本的な事項について示すこととする。

1 体力とは何か

わが国では、1960年頃から、体力は行動体力と防衛体力とに大別されると言われてきた（猪飼 1963）。

行動体力：運動やスポーツの遂行に関連する基本的な身体能力
防衛体力：健康の保持・増進に関連する基本的な身体能力

言うまでもなく、野球の競技力に直接的に関わる体力は行動体力である。ここでは、行動体力を単に体力と呼ぶこととする。

体力には、筋力、無酸素性パワー（単にパワーとも呼ぶ）、無酸素性持久力、有酸素性持久力、調整力、柔軟性の6つの要素に分けられ、それらは運動との関連で次のように分けられている。

① **筋力、無酸素性パワー（パワー）**　：運動を起こす体力の要素
② **無酸素性持久力、有酸素性持久力**　：運動を続ける体力の要素
③ **調整力、柔軟性**　　　　　　　　　：運動をまとめる体力の要素

上記のうち、①と②は「エネルギー系の体力」、③の調整力（コーディネーション能力）は「神経系の体力」とも呼ばれている。

なお最近では、行動体力の要素を「運動・スポーツ関連体力」と「健康関連体力」とに分けている。これは健康を、単に病気や疾病のない状態としてみるのではなく、たくましい健康として見直そうとしていることによるものであろう。

2　体力トレーニングの基本原則

　体力トレーニングを合理的・計画的に行っていく際には、いくつかの基本原則をふまえておくことが大切である。ここでは、教育学的原則と生理学的原則に分けて示すこととする。

教育学的原則
① **意識性（自覚性）の原則**：トレーニングの意義や内容を理解して行うこと
② **全面性の原則**：身体諸機能をバランス良く高めるように行うこと
　専門性・全面性の原則：全面性を配慮しながらその種目に要求される専門的体力を高めるように行うこと ── 競技者には重要な原則である
③ **個別性の原則**：身体諸機能の個人差、生き方や環境の個人差などを配慮して行うこと
④ **漸進性の原則**：トレーニング目標や負荷のかけ方などを徐々に高めていくこと
　漸進性・究極性の原則：究極の目標などを考慮しながら、負荷のかけ方などを徐々に高めていくこと ── 競技者には重要な原則である
　漸減性の原則：トレーニング目標や負荷のかけ方などを徐々に下げていくこと── 競技者がリタイアするときなどでは重要な原則である
⑤ **継続性の原則**：継続して行うこと
⑥ **反復性の原則**：繰り返して行うこと
⑦ **安全性の原則**：負荷の安全性に絶えず配慮して行うこと
⑧ **経済性の原則**：できる限りムダを避け、効率を重んじて行うこと
⑨ **生活性の原則**：生活のなかのあらゆるものを活用して行うこと
⑩ **レクリエーション性の原則**：厳しさのなかにも楽しさを味わえるように行うこと

　①～⑥の原則は、古くから教育の場で用いられているものである。ここでは、体力トレーニングの場を考慮して、さらにいくつかの原則を加えている。これらの原則を詳細に述べることは割愛するが、野球におけるトレーニングの様々な場面と関

連づけて常に思い起こすことが大切であろう。

生理学的な原則

① **オーバーロード（過負荷）の原則**：普段の活動水準より強い負荷をかけて行うこと

　　体力の要素ごとに、トレーニング効果を適切に引き出す負荷のかけ方を工夫することが大切である。負荷（ロード）が強すぎるとオーバートレーニングになり心身にマイナスの影響を与えることになり、弱すぎると効果が得られなくなるからである。

② **超(超過)回復の原則**：トレーニングを行うと身体諸機能のレベルは低下するが、その後、時間とともに元のレベル以上に回復するので、次のトレーニングはこのタイミングを見計らいながら行うこと

　　超回復の引き出し方は様々である。強い負荷と弱い負荷をどのように組み合わせるか。そこに「波状性の原則」（大きな波のなかに中ぐらいの波をおき、さらにそのなかに小さい波をおくように行うこと）がある（村木1994）。この原則に基づき、心身の疲労を配慮しながら超回復を引き出し、より高い成果が得られるトレーニング計画を立てることになる。

③ **特異性の原則**：体力の各要素を高めるのに最も適した負荷の種類（タイプ）、強度・量・頻度、動き（運動様式）などを用いて行うこと

　　この原則は、競技スポーツにおいてとくに重要である。なかでも、トレーニングで用いる動きは重要である。厳しいトレーニングをしても、各スポーツに関係する動きを用いなければ、競技力（パフォーマンス）の向上に結びつかない場合が多々みられるからである。

　上記の3つの原則は、トレーニングによる生理学的な効果を引き出すために重要であるが、それを科学的に数値で示すことは難しいと思われる。多くの指導者や競技者は、日々試行錯誤を繰り返しながら、この原則に見合ったトレーニング方法を工夫しているのではなかろうか。

野球における
オーバーロードの原則

　野球、とくにプロ野球のように、試合期が長く試合頻度も多いスポーツにおいては、この生理学的な原則については注意してとらえなければならない。試合への影響を最小限に抑えながら、どのような頻度やタイミングで、どのような負荷（強度、量）で体力の各要素を養成するトレーニングを行っていくかに留意する必要がある。試合に対する準備を優先しすぎて負荷が十分でないと、シーズン後半のパフォーマンス低下を招く原因となりうるだけでなく、中長期的な目標に向かって体力の各要素を向上させることができない。一方、体力的な向上ばかりを優先すると、試合でのパフォーマンスが落ちるだけでなく、試合のなかで磨くべき技術習得を妨げる原因になりかねない。試合期のトレーニングは、チームや各選手がおかれた状況を十分に考慮して進めていくことが大切である。

3　体力トレーニング目標を設定する

　体力トレーニングを行う際には、体力トレーニング目標が明確でなければならない。第2章で述べたように、野球のパフォーマンスを決めるおもな運動技能（運動能力）には、投球技能（ピッチング能力）、打撃技能（バッティング能力）、守備技能（フィールディング・捕球・送球能力）、走塁技能（走塁能力）などがあり、しかもこれらの技能の多くは爆発的、または、集中的に力を発揮することが求められる。したがって、野球選手にとって誰にも重要な体力要素は、筋力を背景としたパワーと、これを活かす調整力（コーディネーション能力）と柔軟性（関節の可動性）であると言えよう。また無酸素性持久力や有酸素性持久力も、ポジションや試合時間、長期にわたる試合スケジュールなどを考慮すると、パフォーマンスに直接的あるいは間接的に影響する体力要素であると言えよう。このことは、野球選手においては、体力要素の全てをトレーニング目標として位置づけておくことが大切であることを示すものである。

　とはいっても、目標としているゲーム像（ゲームスタイル）にはチーム間に差があり、各選手のプレースタイルや運動技能、体力からみた特徴（長所、短所）にも大きな個人差がある。したがって、これらのことを考慮しながら、チームや各選手

の体力トレーニング目標を長期的、中期的（3〜4年）、短期的（1年、数ヶ月、1週間、1日、1回）に設定しなければならない。

チーム全体の体力トレーニング目標を設定する際には、次のことに留意することが大切である。

① チームのゲーム像（ゲームスタイル）を視野に入れて、チーム全体の最大公約数的な目標を明確にする。
② ①と各選手の特徴（長所、短所）を考慮した各選手の目標とを併せて、チーム全体及び各選手の目標を明確にする。

また、発育期と成人期における体力トレーニング目標を設定する際には、次のことに留意することが大切である。

発育期
① 野球にとくに必要な体力要素にとらわれすぎずに、全面的な体力強化を図る（オーバートレーニングやバーンアウトに陥らないように配慮する）。
② 上手な動作がどのようなものかを知るために、またそれを習得するために、できるだけ多くの運動を経験し、様々な運動能力の向上を図る（調整力を身につける）。

成人期
① 自己の特徴を見極めながら目標とするプレースタイルを明確にする。
② 目標とするプレースタイルと関連づけて、野球選手としてとくに重要な体力要素である筋力やパワーを、段階的にどのレベルまで発達させるかを明確にする。
③ ②の目標を達成していくなかで、高めた筋力やパワーを発揮する場（動き）を常に考慮し、調整力の向上（動きづくり）に結びついているか否かを確認する。
④ 無酸素性持久力や有酸素性持久力についても、段階的にどのレベルまで発達させるかを明確にする。
⑤ 柔軟性およびインナーマッスルや体幹部の筋・腱については、それらを常に良好な状態に保持することを日常的なトレーニング目標として位置づけておく。

4 体力トレーニング手段を準備する

　目標設定をもとにトレーニング計画を作成するためには、トレーニング手段を準備しなければならない。言い換えると、日々のトレーニングのなかで行っているそれぞれの手段（メニュー）は、目標達成のために意味があるものでなければならない。ここでは、体力トレーニング手段を準備していく際の問題点・留意点などについて述べる。それぞれの手段は何をねらいとして行われるのかを明確にし、目標達成のための期間や優先順位、物理的な環境（施設、時間、他のトレーニングや日程との兼ね合いなど）を考慮して、負荷方法を選択し、強度と量を調整する。

1）体力トレーニングに活用できる手段

　第3章で述べたように、トレーニング手段は技術・戦術トレーニング手段、体力トレーニング手段、メンタルトレーニング手段などに大別されているが、それぞれが全く独立しているわけではない。とくに技術・戦術トレーニング手段と体力トレーニング手段は分けてとらえがちであるが、重なる部分がきわめて多い。

　一般に、トレーニング手段を準備していく際には、指導者や選手の多くはまず技術トレーニング手段に目を向けるであろう。しかしここで重要なことは、その準備した技術・戦術トレーニング手段の体力トレーニングからみた意味を考えることである。そのことによって、技術・戦術トレーニング手段から離れて、特別に体力トレーニング手段を準備しなければならない意味が理解できるからである。筆者は、このようなことをふまえて、次の4つの手段をとおして体力トレーニングを行うようにしている。

a. 技術・戦術トレーニング手段

　　この手段は、専門種目の技術・戦術づくり（動きづくり）の手段であるが、体力トレーニングからみれば専門的な調整力（コーディネーション能力）のトレーニング手段として位置づけられる。さらにこの手段は、技術の習得、改善に悪影響が出ないように配慮しながらその行い方を工夫すれば、筋力、パワー、無酸素性持久力、有酸素性持久力などのエネルギー系体力のトレーニング手段としても活用できる。このように、技術・戦術トレーニング手段

のみでも工夫のしかたによってその種目に要求される体力をかなりのレベルまで高めることが期待できる。野球においても技術・戦術トレーニング手段（紅白戦、シートノック、投球練習、打撃練習、ノック、走塁練習、など全ての野球の練習）を体力トレーニングという視点から常に位置づけておくことが大切であろう。

b. 野球技術の改善に結びつく動きを用いて行う体力トレーニング手段

　発育段階や鍛錬度が進むにつれて、aのみでは目標とする体力を十分に養成できない可能性がある。aでは、技術の習得・改善を重視するので、目標とする体力要素を高めるのに相応しいトレーニング負荷（強度・量）を十分に課すことができなくなるからである。そこで次に、技術・戦術トレーニング手段から離れて、体力そのものの養成に重点をおいたトレーニング手段を準備することになる。ここで最も重要なことは、トレーニングで用いる動き（運動様式）である。野球における基本的な動きをとおして体力を高めることによって、それが技術と一体となり、より高い運動技能の獲得に結びつくことが期待できるからである。体力トレーニングを計画的に取り入れても競技力（パフォーマンス）に結びつかないということを耳にするが、そのおもな原因はここにあると思われる。体力トレーニングにおける特異性の原則（P32）を、とくにトレーニングに用いる動き（運動様式）に焦点を当てて、常に心に留めておくことが大切である。この手段は、体力トレーニングの成否のカギを握っていると考えられる。

　例）体重移動のドリル、踏み込み動作のドリル、
　　　投球・打撃動作に類似した動きを用いたメディシンボールスローなど

c. 体力の向上・維持のために行う体力トレーニング手段

　aやbの手段では、トレーニングに用いる動き（運動様式）に大きな関心を払うので、目標とする体力要素を高めるのに相応しいトレーニング負荷（強度・量）を十分に課すことができなくなる場合がある。そこで次に、体力要素ごとに向上・維持が期待できるトレーニング手段を準備することになる。しかし、ここでも、特異性の原則を忘れてはいけない。野球に有用な体力ト

レーニング手段であるということを念頭に入れておくことが大切である。
　例）ウェイトトレーニング、各種のジャンプ運動、メディシンボールスロー、各種のランニングやバイクトレーニング（パワー、無酸素性持久力、有酸素性持久力向上の手段として行う）など

d. 傷害の予防や傷害からの早期回復のために行う体力トレーニング手段

　トップパフォーマンスを長く維持している選手は、ケガの予防やケガからの早期回復に対する体のケアに、日常的に細やかな注意を払っている。そのなかには、直接、競技力の向上に結びつくとは言えないような様々な体力トレーニング手段も含まれている。これらの手段はともすれば手を抜くことが多いが、競技力を向上・維持させるもうひとつの主役として位置づけておくことが大切である。
　例）体幹部のトレーニング、肩周辺のインナーマッスルのトレーニング、バランスボードなどを使った関節の機能訓練

上記のように、体力トレーニング手段を4種類に大別したが、実際に行っている手段のなかには、その位置づけが難しいものもある。概念的に受け止めておくことが大切であろう。

2）体力トレーニング手段を準備する際の5つの視点

　前項で述べたように、体力トレーニングは4つの手段を用いて行うことができるが、それぞれの手段においてより具体的な手段を準備しなければならない。その際には、Who（誰が）、When（いつ）、Where（どこで）、What（何を）、How（どのように）、の5つの視点（4W1H）で対処することが役立つ。

Who　：誰のための手段かを考慮する。一口に野球と言っても、年齢、性、ポジション、競技レベルなど様々である。
When　：1シーズン、1週間、1日、1回のトレーニング計画のいつ行うのか、あるいは心身の状況や、さらにはトレーニング時間の有無などについて考慮する。
Where：トレーニングを行う場所、施設・用器具の整備状況などについて考慮する。

What ：どの体力要素を高めようとする手段かを明確にする。子どもの場合はひとつの手段でいくつかの体力要素を高めることができるが、成人になるにつれて高めたい体力要素に相応しい負荷をかけなければ十分な効果は得られない。

How ：目標とする体力要素を合理的に高めるために、どのような負荷のタイプ（刺激の種類）、負荷方法（負荷のかけ方）、負荷の強度と量、動き（運動様式）が適切かなどについて考慮する。

　体力トレーニング手段は4W1Hを考慮しながら準備する。そのことによって、対象に応じた手段を多彩に準備することができるであろう。手段を多彩に準備できることは、指導者や選手にとってきわめて大切なことである。

実践における"HOW"

　体力トレーニング手段を準備する際に留意すべき上記の5つの視点のなかで、"How"はトレーニングを実践する際に最も重要な視点となる。"どのように（How）"トレーニングを進めるか、その都度変わり続ける状況を見極めながら指導者がトレーニングを進めていくことが、実践においてはきわめて重要だからである。

　また、ひとつひとつの運動を"どのように"動くのか、という視点を持つことは動作の改善を図り、運動技術を向上させるためにもきわめて重要である。例えば、一見単純なウェイトトレーニングにおけるスクワットひとつにしても、どのような動き方で行うのか、動きに対して着眼点を持ち留意点を明確にして行うことが不可欠である。どのように動くのかを明確にしてトレーニングを重ねていくことで、動きを改善し、技術の向上へと結びつけたい。動きの着眼点、留意点など"How"に関する詳細については第6章以降で述べる。

3）体力トレーニングにおける負荷の強度と量

　生理的な適応をねらいとするトレーニングにおいては、負荷は強度と量を調整することによって決定される。

　トレーニングで100mを全力で1本走ることも、10kmを全力で走ることも、ともに高い負荷のトレーニングと言えるが、これら2つのトレーニングはそれぞれに

異なるスピードと距離、すなわち異なる強度と量のトレーニングである。ジャンプトレーニングやウェイトトレーニングなど、または投球練習や打撃練習、捕球、送球などの技術練習においても、どのような強度でどのくらいの反復回数で行うかによって、トレーニングの負荷は調整される。

以下に、各トレーニング手段における強度を決定するための簡単な指標を示す。

① **筋力トレーニング手段**

筋力トレーニングにおける負荷の強度は最大筋力（1RM：1 Repetition Maximum＝1回最大挙上重量）に対する割合で決定する（表3）。

表3　負荷の強度と反復回数の目安

%1RM	反復回数
100	1
90	3−5
80	7−9
70	10−14
60	18−22

② **無酸素性パワー（パワー）トレーニング手段**

無酸素性最大パワー（最大疾走速度、最大跳躍距離、最大投てき距離、など）に対する割合、あるいは努力感で決定する。

③ **無酸素性持久力トレーニング手段**

最大酸素負債量に対する割合で決定するが、運動中の酸素負債量や血中乳酸値をトレーニング中にその都度計測することは容易ではないため、疾走速度や運動後の心拍数、安静時レベルに回復するまでの時間、あるいは努力感で決定する。

④ **有酸素性持久力トレーニング手段**

最大酸素摂取量に対する割合で決定するが、運動中の酸素摂取量をトレーニング中にその都度計測することは容易ではないため、疾走速度、運動中の心拍数や、自覚的運動強度（Rate of Perceived Exercise：RPE）を用いて決定する。

表4 各種体力トレーニング手段における運動強度の例

運動強度	筋力トレーニング手段	無酸素性パワートレーニング手段	無酸素性持久力トレーニング手段	有酸素性トレーニング手段
高強度	3〜6RM（ウェイトトレーニングを中心とする）	30m (100%max)×6（レペティション）	300m (90%max)×4〜5（レペティション）	10〜40分ランニング(80%max)
		100m×3 (100%max)（レペティション）	200m (90%max)×6〜8（インターバル：3分）	20〜30分スピードプレイ(3分に1回100m快調走)
		30/20/10mシャトルラン(100%max)×2	100m (90%max)×8〜10（インターバル：2分）	など
		30m4回方向変換走×5	50/40/30/20/10シャトルラン (100%max)×2	
		全力での各種の連続ジャンプ10×5 *1	低・中・高強度の無酸素性パワートレーニングを組み合わせて行うサーキットトレーニング*2	
		など	など	
中強度	7〜15RM（ウェイトトレーニングを中心とする）	50、30、10m×4（レペティション）	300m (80%max)×6〜8（インターバル：2分）	10〜40分ランニング(60%max)
		100m×6（レペティション）	200m (80%max)×8〜10（インターバル：90秒）	15〜30分スピードプレイ(5分に1回100m快調走)
		20/10mシャトルラン×6	100m (80%max)×10〜15（インターバル：60秒）	など
		など	など	
低強度	15RM〜（インナーマッスルや体幹部のトレーニングを中心とする）	各種体重移動やステップのドリル	200m (70%max)×12〜15（インターバル：70秒）	10〜40分jog
		など	50/40/30m×3(インターバル：走った距離をjogback)×3set	バイク20〜40分
			など	など

*1 ジャンプは全力で行っても跳び方によって強度は異なる
*2 サーキットトレーニングでは、高強度の運動の回数が過多にならないこと、身体の同じ部位に負荷が偏らないことに注意する

ノックやバットスイングなどの技術トレーニングにおいても、強度と量はどのような技術を獲得することを目的とするかによって異なる。投球練習においてもそれは同様である。一方、ランニングやウェイトトレーニングなどの体力トレーニングは、生理的にどのような適応を目的として行われるかによって強度と量を決める。

表4（P40）に、各種体力トレーニング手段における運動強度を例示した。

トレーニング管理における"強度と量"に関する誤解

多くの指導者は"質と量"でトレーニング管理を考えようとするが、ここには誤解があると考えられる。トレーニングは速度や重さなどの"強度"と、距離や反復回数などの"量"を設定することで計画される。指導者の多くはトレーニングを考える際に"強度"と"質"を混同しているのではないだろうか。トレーニングはオーバーロードの原則をふまえて"強度と量"を調整することによって管理されるものである。

では、トレーニングにおける質とは何か。質はトレーニング目的の達成度によって決定されるものである。筆者はトレーニングのなかで質を考える場合に、大別して2通りに考えている。ひとつは、例えウォーミングアップのための10分間のジョギングであっても、その後で行う高強度の運動を行うための生理的準備として目的を達成することができていれば質は高いと言える。どんなに強度の高いプライオメトリック・トレーニングであっても、漠然と目的なく行っては質が高いトレーニングであるとは言えない。質はひとつひとつの運動、1回の練習、あるいは一定期間のトレーニングが合目的的に行われているかどうかで決定されるのではなかろうか。

もうひとつは、より効果的な動き方でひとつひとつの運動を行っているかである。ムダなエネルギーを使わずに、より効果的に力を発揮するような動き方でトレーニングを行っているか、あるいは、ねらいにそって運動のなかで爆発的もしくは集中的に力を発揮できているかということである。ここまでにも述べてきた運動の調整力（コーディネーション能力）を駆使して、より高い技能を身につけるために、より合理的な動きに近づけていく具体的な取り組みが質の高さを生むと筆者は考えている。

4）体力トレーニング手段として用いられる負荷方法

体力トレーニング手段として用いることができる負荷方法は、運動の組み合わせ方による相違、休息の取り方の相違によって大きく2種類に分けておくことができる

① 運動の組み合わせ方の相違による場合

負荷方法は、運動の組み合わせの相違によって2種類に分けることができる（図5）。

ⓐ セット法による手段
　ひとつの運動種目を数セット行ってから次の運動種目へ進んでいく手段

ⓑ サーキット法による手段
　何種目かの運動を1セットずつ行いながら、これを数循環（数セット）行う手段

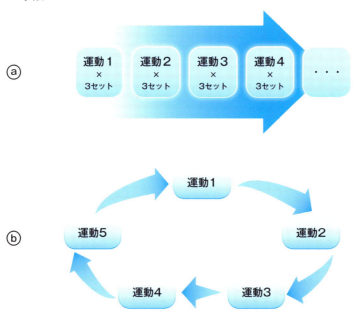

図5 負荷方法：運動の組み合せ方の相違による場合
負荷の強度や量（時間、サーキット数、など）、運動種目数は、ねらいの相違によって適宜変えることができる。

② 休息の取り方の相違による場合

負荷方法は、休息の取り方の相違によって4種類に分けることができる（図6）。
ⓐ 持続法による手段
休息をはさまないで持続的に行う手段
無酸素性持久力や有酸素性持久力のトレーニングに用いることができる。
ⓑ インターバル法による手段
運動と運動との間に低強度の短い運動をはさみながら行う手段
無酸素性持久力や有酸素性持久力のトレーニングに用いることができる。
ⓒ レペティション法による手段
セット間に疲労回復のための長い休息をはさみながら行う手段
ⓒ－① 連続的運動（非間欠的運動）によるレペティション法による手段
ⓒ－② 間欠的運動によるレペティション法による手段
筋力、無酸素性パワー、無酸素性持久力、有酸素性持久力のトレーニングに用いることができる。
ⓓ 上記の手段を組み合せて行う混合法による手段

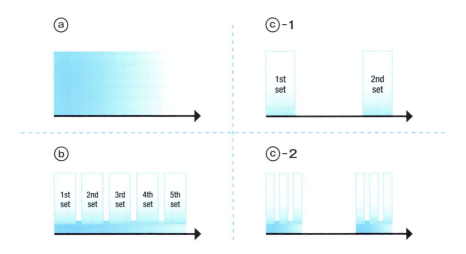

図6　負荷方法：休息の取り入れ方の相違による
運動の強度や量（時間など）は、ねらいによって様々に変えることができる。

5）体力トレーニング手段として用いる動き（運動様式）

本書では、体力トレーニング手段として用いることができるものを4つあげたが（P35～37）、ここでは技術的・戦術トレーニング手段を除く3つの手段について取りあげることとする。

a．野球の技術の習得に直接的に結びつく動きを用いる手段

―― 動きの習得に重点を置く運動

動きの習得を目的とする手段は、生理的にどのような負荷をかけるかということよりも、より合理的な動きを習得することに重点をおいて行うことが大切である。爆発的に力を発揮するための基礎的な動作や、各ポジションによって習得すべきステップ動作、投打の技術において必要な体重移動のドリル、体重移動を受け止める踏み込み動作のドリルなどは、負荷強度はそれぞれの運動によって異なるが、反復回数や運動時間の設定にとらわれすぎず、良い動きを引き出していくことを目的として行う。詳細については第6章以降で説明する。

――跳運動や投運動などのプライオメトリクス（プライオメトリック・トレーニング）で用いる手段

投球練習や打撃練習をはじめとした技術練習もまた、パワーのトレーニングの一部であると同時に、パワーを野球技術のなかでより機能的に働かせるための動きの調整力（コーディネーション能力）を養うトレーニング手段でもある。また、守備練習でのダッシュ、ストップ、切り換えし、スローイングなどもパワーのトレーニングの一部となる。パワーのトレーニングは、動きの質を高めるトレーニングであることを常に含意していなければならない。

技術・戦術トレーニングから離れて行う体力トレーニングにおいて一般的に行われる手段としては、各種のジャンプ運動やメディシンボール投げなどのプライオメトリクスで用いる伸張–短縮サイクル（Stretch-Shortening Cycle：SSC）運動が典型的である。

これらの手段はいずれも、野球技術の向上に結びつく動きを精選することが大切である。ただし、いずれの手段においても基礎としての筋力を身につ

けることによって、より実践的な動きの大きさやスピードで行うことが可能になろう。具体的な手段については第6章以降で取りあげる。

b. 野球技術の習得に間接的に結びつく動きを用いる手段

──ウェイトトレーニングを中心とした筋力向上のための運動

ウェイトトレーニングは筋力の向上を目的としているが、筋力そのもの（絶対筋力）を向上させるか、または、体重あたりの筋力（相対筋力）を向上させるかによってプログラムの組み方は異なる（P67）。

いずれの場合も、ウェイトトレーニングは単に決められた重量と反復回数で行うだけでなく、どのような動きで行うかについても十分に留意することが重要である。詳細については6章以降で説明する。

──走運動などの全身的な運動（P46表5）

野球における走運動のトレーニング目的は大きく2つに分かれる。ひとつはaで示したスプリント能力や方向変換能力の向上など、野球パフォーマンスに対する直接的な目的である。もうひとつは、エネルギー系の、無酸素性持久力や有酸素性持久力の維持・向上を目的として行われる。距離、速度、休息のしかたによって、それぞれの目的を達成するためのトレーニング手段が決定される。守備練習や走塁練習で行われるスプリントも走運動を使ったトレーニング手段となる。

野球選手がパフォーマンスのなかで求められる短い距離のスプリント能力は無酸素性パワーである。無酸素性パワーにおける最大強度での運動の継続時間は、生理的に10秒間程度が限界とされる。したがって、スプリント能力の向上を目的とした走運動によるトレーニングは、1回の運動時間は10秒以内で、適切な休息をはさんでほぼ最大の速度で行える回数まで行うことが大切である。

無酸素性持久力を高い水準で養成するには、約30秒から約3分で著しく疲労する連続的運動または間欠的運動をセット間に休息をはさんでレペティション的に行う。また、有酸素性持久力を高い水準で養成するには、心拍数が180拍/分を超えるような約5分以上の連続的運動または間欠的運動を持続法またはレペティション法を用いて行う。しかし、野球選手にとって必要な

表5 野球選手に用いられる走運動を用いた全身的な運動

運動時間	主に養成されるエネルギー系体力	トレーニング手段の例		留意点
約10秒以内	無酸素性パワー（パワー）	ショートスプリント	30m×10、50m×6	レペティション法を用いて、一本ごとにある程度回復させながら各セットともほぼ全力で行う。
		方向変換走	シャトルラン20/10m×5 ジグザグ走5/5/3/3/5/5m×8　など	
約10〜30秒	無酸素性パワー ＋ 無酸素性持久力	ミドルスプリント	50m×10（50mゆっくり歩く） 100m×5（100mゆっくり歩く） 200m×3（3'）	レペティション法を用いて、一本ごとにある程度回復させながら各セットともほぼ全力で行う。
		方向変換走	シャトルラン 30/20/10m×3（3'）　　　など	
約30〜90秒	無酸素性持久力	インターバル走	100m×6〜12（60"） 200m×5〜8（90"〜2'） 300m×3〜4（2'〜4'）	不完全な回復で運動終了時に向かって疲労困憊に近づくように行う（運動終了時の心拍数は180回/分以上）。
		方向変換走	シャトルラン 50/40/30/20/10m×3（4'）	
		ガスラン	40m 2往復×6（90"'）　　など	
約90秒〜4分	無酸素性持久力 ＋ 有酸素性持久力	インターバル走	200m×8〜12（60〜90"） 300m×5〜8（90"〜2'） 400m×3〜6（2'〜4'）	比較的長い距離では長めの休息を、短い距離では短めの休息をとり、運動終了時に向かって疲労困憊に近づくように行う（運動終了時の心拍数は150〜180回/分）。
約4分〜	有酸素性持久力	スピードプレイ	100m快調走300mJog×15'〜40'	連続して行い、終了時に少し余裕がある程度でよい（運動中の心拍数は120〜160回/分）。
		距離走	20'〜50'　　　　　　　　など	

走運動のトレーニング計画を立てる際の留意点

❶ 1日の体力トレーニングのなかで、ショートスプリントとインターバル走など2種類以上の走運動によって負荷をかけることは効率的ではない。
❷ 野球における戦術・技術トレーニングにおいて、多くのスプリントが行われていることを考慮する。
❸ 試合、戦術・技術・体力トレーニングにおいて1日で行われる全体的な強度や量を考慮してトレーニングスケジュールは組むようにする。
❹ 走運動以外の様々な全身的、または局所的な運動を用いることもできる。
❺ エアロバイクや水泳などを用いて、同じような運動時間で負荷をかけることもできる。

無酸素性持久力や有酸素性持久力を養成するためには、それほど高い負荷を頻繁にかける必要はないであろう。これらを頻繁に行うことによって、技術や調整力、パワーなどの体力要素を養成するための妨げにならないことに留意すべきであろう。また、無酸素性持久力や単調化しやすい有酸素性持久力のトレーニングを好んで行う選手はそれほど多くはない。そのために、これらのトレーニングではバリエーションを増やすこと、環境を変えることにも配慮することが大切であろう。

c. 傷害予防などを目的とした補助的な運動（表6）

これまで、全身的な力の発揮を伴う運動において体幹部の強化に関する重要性が広く説かれている。下肢で発揮した力を全身運動として機能させるためには体幹部の強さが大切である。体幹部の筋力が不足していると不安定な動作の原因ともなり、パフォーマンスの発揮に影響があるだけでなく、傷害の原因となることも少なくない。傷害予防の目的からも体幹部の強化は重要である。

表6　野球選手が行う補助的な運動

体幹部の トレーニング	各種のクランチエクササイズ 各種のスタビライゼーションエクササイズ 各種のケーブルマシンを利用した体幹部のエクササイズ 各種のメディシンボールを使った腹背筋のエクササイズ	など
肩関節周辺の トレーニング	軽いダンベルを使ったエクササイズ チューブを使ったエクササイズ ケーブルマシンを使ったエクササイズ トレーニングボールを利用したエクササイズ 徒手抵抗によるエクササイズ	など
肘関節周辺の トレーニング	徒手抵抗によるエクササイズ その他の前腕部のトレーニング	など
関節機能の 改善などを目的とした バランストレーニング	種々のバランスディスクを利用して行われるエクササイズ （上肢、下肢、全身） 大きさの異なるバランスボールを利用したエクササイズ （上肢、下肢、全身） 種々のバランスボードを利用して行われるエクササイズ （上肢、下肢、全身）	など

一方、野球選手にとって、コンスタントに取り組むべき補助的な運動として、肩のインナーマッスル、肘周囲の筋群、体幹部の筋群のトレーニングがあげられよう。
　その他に、関節諸機能の向上を目指す運動として、バランスボードやバランスボールなどを用いた運動がある。
　上記の具体的な手段については、指導書が数多く市販されているので、ここでは割愛する。自体重や比較的安価で購入できる種々の用器具を利用して行う手段について、多くの負荷方法が紹介されている。これらを参考にしてトレーニングの目的に応じた様々な手段をさらに工夫していくことが大切である。

5　体力トレーニング計画を作成する

体力トレーニング計画を作成する際には、どのようなことに留意すればよいのであろうか。体力トレーニング計画は、一般には、次の手順で作成されている。
① 競技を始めたときから常に、将来の完成された姿を描きながら、一貫した計画を作る（長期計画）。
② ①の計画をふまえて、発育過程の各段階（小学校前半・後半、中学校、高等学校、大学など）における数年間（3〜4年）の計画を作成する（中期計画）。
③ ②の計画をふまえて、期分け（準備期、試合前期、試合期、移行期）にそった1年間または1シーズンの計画を作成する（短期計画）。
④ ③の計画をふまえて、各期における1週間、1日、1回の計画を作成する（短期計画）。

1）長期計画を作成する

　体力トレーニング計画を作成する際には、目先のことばかりでなく、長期的な視野を持つことが大切である。水泳、サッカー、テニスなどでは、学校から離れてクラブを中心に活動が行われているので、一貫した指導システムが確立されているようである。これに対して、多くのスポーツ活動は、小学校ではスポーツ少年団など

地域のクラブで行われているが、中学校から大学までは学校を中心に行われている。このために、各段階の熱心な指導者の考え方に基づき素晴らしい成果を上げているが、長い目でみた場合には指導に一貫性がなく、段階間での指導者の責任のなすり合いも多々みられる。近年、日本体育協会、JOC、各競技団体などにより、指導者の養成・資格制度が確立されてきている。また、早期にタレントを発掘し一貫した指導システムのもとで活動が行われるようになってきている。野球界が参考にすべきところもあるのではなかろうか。いずれにせよ、長期的な視野のもとに体力トレーニング計画を立てることが大切である。その際の留意点として、次のことがあげられる。

① とくに小学生のような発育途上期には、神経系が著しく発達するので、野球だけでなく様々な運動・スポーツを経験させる。野球においても様々なポジションを経験させる。それらを経験するなかで、またそれらをより上手に行おうとするなかで、調整力（コーディネーション能力）の発達（動きづくり）をねらいとする。

② 野球は、肩や肘に代表されるように、ある特定の部位に大きな負荷がかかりやすいスポーツである。技術的にも体力的にも未熟な発育期においては、オーバートレーニングに陥らないようにすることが何よりも大切である。このためには、ひとつの技術練習による負荷が大きくなりすぎないように、強度や量（反復回数）、とくに量について十分に考慮する。また、負荷がある特定の部位に偏りすぎないように様々な運動を行う。

③ 上記のように、発育期には専門的なトレーニングをしすぎないように、一般的・全面的な体力トレーニングを心がける。成人期になるにつれて、より専門的・重点的な体力トレーニングを行うようにする。

④ 発育途上期には、体力の発達のしかたに大きな個人差があるので、一律的な体力トレーニングを課さないように配慮する。また、成人期になるにつれて、チームでの役割（ポジション、レギュラーなど）が異なり、体力レベルにも大きな個人差が生じるので、体力トレーニング目標にも違いが生じてくる。発育期から成人期になるにつれて、PDCAサイクルにしたがって自分自身で体力トレーニング計画を作成できるようにする。

2）中期計画を作成する

　中期計画は、数年後（3〜4年後）の目標を立て、それに基づきながら各年度の目標と計画を大まかに立てることである。わが国では学校スポーツが中心であるので、この計画は卒業時に各自の目標がどの程度達成できるかを予測するために重要であるが、軽んじられている面もある。また、トップアスリートにおいても重要であるが、近年では4年に1回開催されるオリンピックの間に大きな大会がいくつも開催されるので、中期計画を立てることが難しくなってきている。プロ野球の2軍選手においては、この中期計画がきわめて大切である。

　中期計画を作成する際の留意点として、次のことがあげられる。

　① 年次進行とともに、一般的・全面的な体力トレーニングの養成から、より専門的・重点的な体力トレーニングの養成へ移行する。また年次進行とともに、技術トレーニングと体力トレーニングの割合をどのように変化させていくかについても考慮する。

　② 能力差に即した計画を作成する。わが国では、伝統的にレギュラーを中心にしたトレーニング計画が作成されてきたが、とくにレギュラーでない選手にとっては、自分自身の長所・短所を見定めて、数年後を見据えた体力トレーニング計画を作成することはきわめて重要である。

　中期計画は、誰もが実感しやすい数年先の目標を達成するための計画であり、わが国の学校を中心にした活動では極めて重要である。指導者と選手が一体となって体力トレーニング計画を作成し、合意を得た体力トレーニングの実践が望まれる。

3）短期計画を作成する

　実践の場からみると、短期計画の作成に最も関心があり、誰もがそれに注力する。ここでは短期計画の作成のしかたを、1年間または1シーズンの計画と1週間、1日、1回の計画の2つに分けて考えることとする。

a．1年間または1シーズンの計画

　　1年間の体力トレーニング計画の核になるのは目指す競技会である。競技会のおき方は、種目によってあるいは発育段階や競技レベルによって様々で

ある。また、どの大会に焦点を合わせて計画を作成するのかについても、チームや個人の状況によって様々である。

　1年間の計画を作成する際に、最初に考慮しなければならないことはシーズン制である。競技種目ごとに、いくつかのシーズンに分けて競技運営が行われているからである。野球については、おおむね次のとおりである。

- 1シーズン／年：プロ野球
- 2シーズン／年：社会人野球（都市対抗選手権、社会人選手権）、大学野球（春リーグ、秋リーグ）、高校野球（春の選手権、夏の選手権）

　2シーズン制の場合は、1シーズン目から2シーズン目へと進むにつれて段階的に競技力が向上していくように目標、手段、計画について考慮する。高校、大学、社会人などのアマチュア野球においても3月から10月は頻繁に試合を行っている。1年間を大別して3月から10月の試合期と、11月から2月の非試合期と考えることもできよう。ただし、プロ野球と異なり、試合期にも試合頻度が時期によって大きく異なることを考慮してトレーニングを進めて行くことが大切である。

　次に考慮しなければならないことは、1シーズンの体力トレーニング計画である。1シーズンは、トレーニング周期（トレーニングサイクル）の考え方に基づき、マクロ周期、メゾ周期、ミクロ周期に分けられる。またマクロ周期（1シーズン）は、期分け（ピリオダイゼーション）の考え方に基づき、準備期、試合前期、試合期、移行期などに分けられる（村木1994、マトヴェーエフ2003、ボンパ2006、など）。

　マクロ周期：準備期（鍛錬期）→ 試合期前（ピーキング期）→ 試合期→移行期
　メ　ゾ周期：約1〜2ヶ月（4〜8ミクロ）
　ミクロ周期：約3〜7日間

　マクロ周期、メゾ周期、ミクロ周期の期間の取り方は、1シーズンの試合期間によって様々である。プロ野球は1シーズン制であるので、マクロ周期は1年間、試合期間は7ヶ月（4〜10月）である。アマチュア野球は2シーズン制であるが、試合期間は選手権とリーグ戦で大きく異なる。毎日のよ

うに試合が行われる野球においてピリオダイゼーションの考え方を採用することは容易ではないが、トレーニングを計画・実践する背景として持っておくことは非常に大切であると筆者は考えている。

1年間または1シーズンの体力トレーニング計画を作成する際の留意点として、次のことがあげられる。

① 中期計画に沿う方向で作る。

② 移行期から試合期までの各期のトレーニング計画を、その年度・シーズンの目標を考慮しながら作る。

③ 準備期から試合期へ進むにつれて、一般には、体力トレーニングより技術・戦術トレーニングの割合を多くする。しかし、レギュラーになれない選手の多くが技術に劣っていることを考えると、準備期のトレーニング内容を、筋力や持久力を重視するだけでなく、動きづくりも重視することが大切である。

④ 準備期から試合期へ進むにつれて、一般には、一般的・全面的体力トレーニングより専門的・重点的体力トレーニングの割合を多くする。しかし、プロ野球は試合期間が長いので、シーズンをとおして一般的・全面的体力トレーニングを、心身のコンディションを絶えず配慮しながら取り入れることが大切である。

⑤ 準備期から試合期へ進むにつれて、一般には、体力トレーニングの負荷の強度を高くし量を少なくしていく。しかし、大学野球（リーグ戦）やプロ野球などのように試合期間が長い場合には、筋力の低下（筋量の減少）やスタミナの維持などを考えるとこの限りではない。例えば、筋力やパワーを高めようとする場合には、準備期から試合期へ進むにつれて、トレーニングのねらいが筋力/筋肥大 → 最大筋力/パワー → 爆発的パワーへと変化していくが、これをそのまま遂行すると試合期の後半には筋量や筋力の低下を引き起こす場合があることも考慮することが大切である。

⑥ 能力差に即した計画を作成する（P50 中期計画を参照）。

b. 1週間、1日、1回の計画

マクロ周期における各期（移行期、準備期、試合期など）の体力トレーニング計画を作成する際には、そのなかをさらに1～2ヶ月周期（メゾ周期）に分けて検討する。各期においてメゾ周期をいくつ設けるか、それぞれの期間をどの程度にするかなどについては、マクロ周期のどの期に当たるかに加えて、種目、発育段階、競技レベル、チームや個人の状況などによって大きく異なる。

メゾ周期（1～2ヶ月単位）の期間が決まると、次にその1～2ヶ月間に行うミクロ周期（3～7日間）の体力トレーニング計画を作成する。ミクロ周期の計画は、生活が1週間単位で行われていることから1週間単位で作成するのが一般的である。しかし、プロ野球のキャンプ（準備期）においては4～6日を単位にして作成することが多い。ミクロ周期の日数に幅があるのは、この日数のなかで行うべきトレーニング内容をおおむね成し遂げること（1日あるいは1回の計画に全てを盛り込むことはできない）に加えて、疲労の蓄積に対する配慮である。

上記のことは、ミクロ周期の計画を作成する際には、例えば1週間サイクルの場合であれば月曜日から日曜日までの毎日の計画、各曜日のなかでの1回の計画（1日に数回行うこともある）も考慮することが必要であることを示している。いずれにしても、ミクロ周期の計画が最も具体的であり、この計画に沿って毎日の毎回のトレーニングが行われる。なお、ポジション別に行われる具体的なチームのトレーニング計画については第9章に例を示した。

1週間、1日、1回の体力トレーニング計画を作成する際の留意点として、次のことがあげられる。

① 1シーズンにおける各期の計画や目標を考慮しながら、原則として1週間単位で作る。

② 1週間、1日、1回のトレーニングにおける基本的流れを考慮する。基本的流れは下記のとおりであるが、重要なトレーニングは（例えばそれが持久力であっても）疲労の少ないときに行うこともある。指導者と選手はそのことに共通理解を持って柔軟に対処することが大切である。

専門的 → 一般的 → 体や心の回復・ケア

神経系 → 筋系 → 呼吸循環系 → 体や心の回復・ケア

調整力 → パワー → 筋力 → 持久力 → 体や心の回復・ケア

③ 1週間の計画では、曜日によってトレーニングの重点を変える。また、強度の高いトレーニングは週に1〜3回、1日以上の間をあけて行う。これらのことは、1日に全てのトレーニングができないこと、同じ部位や同じ機能への疲労の蓄積を防ぎ、より強度の高い負荷を与えることができるようにすること、などのためである。

④ 前出③に関連して、とくにプロ野球選手は次のことを考慮することが大切であろう。

- 日程、環境（ホームとビジター、施設・用器具の有無）などの条件と擦り合わせながら、日によってどの体力要素に重点をおくかを決める。
- 先発投手のように登板する日が定期的に決まっている選手は、次の登板までのトレーニング計画（内容、強度・量、頻度など）をできる限りルーティン化する。
- 野手やリリーフ投手は、ホームゲームとビジターゲームのトレーニング環境が大きく異なるので、トレーニング計画を1週間単位ではなく、2週間単位あるいはそれ以上のスパンで考える。大学野球のように、リーグ戦において1週間ごとに2〜3試合が定期的に行われるような場合には、先発投手だけでなく、野手やリリーフ投手も1週間のトレーニングをできる限りルーティン化する。

⑤ 質の高いトレーニングを多く行うためには、ねらいを明確にしたトレーニングを1日数回行う。疲労やケガもせず、質の高いトレーニングをいかにたくさん行うか、ここに成功のカギがあるように思われる。

⑥ 能力差に即した計画を作成する（中期計画を参照）。

　体力トレーニング目標を設定する際には、チーム全体の目標（チーム全体の最大公約数的な目標）と各選手の目標（各選手の長所、短所を考慮した目標）に留意することが大切であることを指摘した（P33参照）。このことは、体力トレーニング計画を作成する際にも当てはまることである。これまで野球を含む球技スポーツにおいては、チームの全員が同じ計画のもとで同じ内容のトレーニングを行うことが多々見られたが、これでは十分な効果は期待できない。チームとしての課題（目標）

と各選手の課題を明確にし、それらを全体のトレーニング計画のなかに位置づけておくことが大切である。全体トレーニングと個別トレーニングの割合については、競技レベルが高いほど、あるいは発育段階が進むほど個別トレーニングの割合が高くなろう。個別トレーニングは望ましい姿ではあるが、より高い効果を得るためには課題が同じ選手、ポジションが同じ選手、あるいは体力レベルが同じ選手などにグルーピングして行うことが勧められる。

6　体力トレーニングを実践する

体力トレーニングの実践において何よりも大切なことは、体力トレーニングの目標、手段、計画を選手自身がよく理解していることである（意識性（自覚性）の原則）。やるべきことを十分に理解せず、与えられたものを忠実に行うだけでは十分な効果は得られないからである。

実践において留意すべきことは上記の他にもいくつかある。ここでは、それらのいくつかを示すこととする。

① 毎日の体力トレーニング計画はトレーニング開始前におおむね決まっていることを考慮すると、実践の場では自分や他者の"動き（動作）"に対して徹底的に注意を払うことである。このためには、その日のトレーニングで用いる動きの留意点を明らかにしておくことが大切である。実践の場では、体力トレーニングといえども、常に良い動き（技術）を修得しようとすることが重要であると銘記しておくことが重要である。

② 実践の場では、体調、天候、時間や場所などの急遽の変化などによって、計画を変更せざるを得ないことが多々見られる。それらに即座に対応できるように、いくつかの計画を準備しておくことが大切である。

③ 毎日の実践のなかで問題点や課題が出てくることを考慮すると、それらをもとにして体力トレーニングの目標や手段を見直して、それ以降の体力トレーニング計画を臨機応変に修正していくことが大切である。このためには、何よりも観察力（見る眼）が重要である。

④ 毎日の実践内容とそこでの問題点・課題を、実践ノートとして書き留めておく。実践ノートは、③に示した体力トレーニング計画の修正に役立つばかりでなく、スランプになったときなどに調子のよかったときの自分を振

り返る資料として役立つ。実践ノートに書き留めるものとしては、トレーニング内容、指導者に言われたこと、自分で感じたこと、ケアのことなどのトレーニングに直接かかわることの他に、その他の活動や気分、食事、睡眠など実に様々である。自分なりの書式・書き方を見いだすことが重要である。ビデオなどに残すことも勧められる。

7　体力トレーニング効果を評価する

実践したトレーニングは、トレーニング中、トレーニング後に評価し、短期、中期、長期の目標に対してどの程度達成されているかを評価しなければならない。評価のおもな方法は以下の3つである。

1）野球での成績から評価する

野球選手にとって最も大きな目標のひとつは、個人成績を向上させることである。技術や体力のトレーニングが、野球選手としての能力を向上させているかを評価するために、個人成績の推移を見ることは最も明快な評価方法のひとつである。また、戦術トレーニングの評価も試合における成績・成果から評価されることが可能である。このなかには犠打や進塁打など、数値化できるものもあるが、細かな守備位置の変化や、走者として投手に圧力をかけることなど、数値化できない要素もあることを考慮に入れて評価をすることが大切である。

2）定量的(量的)に評価する

定量的な評価法として一般的に用いられる方法はコントロールテストである。定期的にいくつかの測定項目を決めて行われる。代表的なコントロールテストの項目としては、①スプリントのタイム、②ジャンプの跳躍高・距離、③メディシンボールの投てき距離や空中時間、④ウェイトトレーニングの挙上重量などがあげられる。

野球においてよく用いられる定量的な評価方法は、トレーニング中のスプリントのタイム測定や、ウェイトトレーニング中の挙上重量である。とくに、プロ野球のように長い期間にわたり毎日のように試合を行うスポーツにおいて、高い強度で集中力を必要とするコントロールテストを定期的に行うことは容易ではなく、選手の動機づけも難しい。このために、日々行っているいくつかのトレーニング手段を用

いて、定期的に測定を続けていくことが勧められる。ウェイトトレーニングにおける各種目の10回挙上重量や、30mや50mのスプリントタイム、各種の方向変換走などを測定しておくことなどが典型的なものである。

3）定性的(質的)に評価する

野球のなかでもとくに技術（動き、動作）のように、成績や定量的な評価では測りきれないものがある。このために、実践の場では、運動技術の上達・変化を、指導者の日々の観察を通して質的に評価していく方法が用いられている。現在では、録画機器が発達し、たった今行った運動技術がどのようになっているかを以前のものと比べたり、選手にその場で見せたりすることを容易に行うことができる。それだけに、指導者は、観察力を磨き、運動技術の変化を的確に見極め、運動技術の質的な修正改善を進めていくことが求められる。同時に、選手も感覚的なものを通して自分自身の運動技術を評価できることが求められる。

技術が優れている、あるいは身のこなしが良いと言われるような選手の多くは、より合目的的・合理的、効率的な運動技術を身につけていくために、ムダな技術や強調すべき技術を修正改善していく作業を、自らが持つカンやコツを背景に、意識的に、場合によっては無意識的に直感的に行っている。ここには、選手自身が持っている運動感覚が大きく関係している。この運動感覚を磨くために、選手は普段から指導者との共同作業のなかで、運動技術を評価するための訓練をしていかなければならない。その訓練のひとつとして、録画機器などを利用して自分の感覚と実際の動きを見比べ、両者を擦り合わせていくことが有効である。

どんなに優れた選手でも、自分自身の感覚と行おうとしている動きや実際に行った動きとが全て一致するということはない。それだけに、実践の場では、指導者とともに行う動きのチェックと、自分自身で行う動きのチェックがきわめて重要になる。これらを繰り返し行っていくなかで、指導者や選手は動きの観察力を開発していくことになろう。野球のみでなく、多くのスポーツにおけるとくに運動技術の評価では、観察力を高め、質的に評価できる能力を高めることが重要な課題のひとつになる。

5 各体力要素における トレーニング法の基本的な考え方

各体力要素を理解し、体力トレーニングの基本原則にしたがうことが、体力トレーニングを進めていく上で大切である。ここでは、各体力要素のトレーニング法の基本的な考え方を示すとともに、それぞれの野球における意味について考えていく。

1　調整力のトレーニング法

調整力とは　調整力は、一般の人にはなじみの少ない用語であるが、「運動神経が良い・悪い」「器用・不器用」と同義語であり、筋力や持久力などが「エネルギー系の体力」と呼ばれるのに対して、「神経系の体力」「サイバネティックス系の体力」などと呼ばれている。最近では、調整力を指す用語として「コーディネーション能力」もよく用いられている。

体力トレーニングと言えばすぐにエネルギー系の体力トレーニングを想起する人が多いが、調整力トレーニング（コーディネーショントレーニング、動きのトレーニング、動きづくり）をおろそかにすると、せっかく高めたエネルギー系の体力が宝の持ち腐れになることは周知のとおりであろう。

調整力の評価法　調整力を客観的に測定することは至難のことであろう。一般には、調整力の要因である敏しょう性（ステッピング、など）、平衡性（閉眼片足立ち、など）、巧ち性（ジグザグ走、など）に着目していくつか測定が行われているが、これらに優れているからといって様々なスポーツやある特定のスポーツを巧みに行うことができるとは限らないからである。指導者は、投・打・走・跳などの動きが良い、ポジショニングなどの情況判断が良いなどを観察し、「野球のセンスがある」「勘がいい」「いい動きをしている」などの言葉を使いながら、調整力の評価を行っている。

調整力に影響する要因　調整力の優れた人（運動神経の良い人、器用な人）とは、あるひとつの運動を上手に行う人であろうか、それとも与えられた新しい運動を素早くしかも巧みにできる人、身につけた技術を場の状況に応じて巧みに修正できる

人であろうか。彼らはいずれも運動神経が良いとか器用であるとか言われる人たちである。しかし、様々な動きの習得や修正に対する潜在的な能力は、後者のほうが高いと言えるのではなかろうか。後者は、これまでの生活において身につけた動きの量（種類）が多く、しかも身につけたそれぞれの動きの質が高い人である。つまり後者は、質の良い動きのプログラムをたくさん身につけているから、それらのプログラムを動員して新しい動きを素早くしかも巧みに身につけたり、身につけた技術を場の状況に応じて巧みに修正したりすることができるのであろう。このように見ると、調整力は生得的・先天的要因よりも、習得的・後天的要因に大きく影響されるとも考えられる。

調整力のトレーニング法　動きづくりの基礎になる神経系は子どもの頃に著しく発達する。子どもの頃は動きの習得が速く、即座の習得が可能であると言われる。小学校の高学年は動きの習得におけるゴールデンエイジと呼ばれるほどである。この時機に様々な運動に触れ、それを巧みにできる質のよい動きのプログラムをたくさん身につけることである。そのプログラムは、自転車操作の技術のように、多くはその後消えることはない。それだけに、悪いクセをつけないようにするために、それぞれの運動の合理的な技術を理解し、それができるように「動きの留意点（着眼点）」をもって1回1回の試技に臨むことが大切である。

　上記のことは、調整力トレーニング（動きづくり）のカギである。調整力の優劣は先天的な素質によって左右されることもあるが、指導者としては後天的な環境、とくに子どもの頃の運動・スポーツ環境によって決まると考えておくことが大切である。野球においては、第2章でも述べたように、様々な運動技能が要求されるので、子どもの頃に様々な運動・スポーツを体験するとともに、そこでは常に良い動きを身につけるように行うことが大切である。野球選手には運動能力の高い人が多数見られるが、それは彼らの子どもの頃の運動・スポーツ生活に起因するものであろう。

調整力トレーニングと技術・戦術トレーニングとの関係　近年、コーディネーショントレーニングの名のもとに、器用性や協調性などの要求される様々な運動が行われている。これは、野球で見れば一般的な調整力トレーニングに位置づけられるが、このトレーニングによって野球における様々な技術・戦術が必ずしも上達するわけではない。この原因のひとつとして、実践的な野球技術との関連を明確にでき

ていない可能性がある。調整力トレーニング（動きづくり）においては、何かの動きを手がかりにして質の良い動きのプログラムをつくっていく。その動きが最も野球と関係のあるものと言えば、毎日長時間かけて行っている様々な技術・戦術トレーニングの手段である。技術・戦術トレーニングを（超）専門的調整力トレーニング（野球の動きづくり）として位置づけ、そこに究極の調整力トレーニングがあると見ることが何よりも大切ではなかろうか。また、野球の技術に直接的に関連するものを専門的調整力トレーニング、間接的に関係のあるものを一般的調整力トレーニングととらえることも大切ではなかろうか。

このように見ると、毎日長時間かけて行われている技術・戦術トレーニングの多くが、質の良い動きのプログラムづくりに役立っているか、下手な技術づくりになっていないか、などの視点から問われることになろう。また同じように、昔から野球界でよく行われている「投げ込み、打ち込み、守り込み（千本ノック）、走り込み」についても問われることになろう。

調整力トレーニングの留意事項　トレーニングにおいて調整力の向上をねらいとする場合には、以下のようなことに留意すべきである。

① **調整力トレーニングに用いる動きと動きの留意点を明確にする**
　どのような動きを身につけようとしているのか、動きの留意点・着眼点を明確にすることが重要である。

② **1日のトレーニングのなかでの調整力トレーニングの取り入れ方に留意する**
　新しい動き、またはまだできない動きを獲得する場合は、疲労感の少ないときに行うのが適切である。すでに獲得している動きの場合には、疲労している状態などで行うことで、疲労状況に関わらず動きを再現する能力を習得することをねらいとすることも有効である。

③ **習得過程における実施の手順に留意する**
　比較的簡単な動きから複雑な動きへ、部分的な動きから全身的な動きへ、ゆっくりした動きから速い動きへなど、動きを習得していく過程を明確にすることが大切である（P61図7）。

④ **習得した動きの反復の手順に留意する**
　すでに習得した動きであっても、③の留意事項を踏まえて、再現が容易な動きと難しい動きの結びつきに留意し、定期的に循環して行うことが大切

である（図7）。

⑤ **発育発達期における調整力トレーニングの取り入れ方に留意する**
専門的な動きに偏らず、運動のバリエーションを多く取り入れ、より多くの運動プログラムを学習できる機会を作ることが大切である。

⑥ **多くのトレーニングが調整力トレーニングとなりうることに留意する**
技術・戦術トレーニングをはじめ、筋力トレーニングやパワートレーニング、ウォームアップで行う各種の動的ストレッチにいたるまで、実に様々なフィールド上でのトレーニングが調整力トレーニングの手段となりうることを意識すべきであろう。

⑦ **①〜⑥をふまえて野球技術を含めた運動技術の改善を計画的に行う**
調整力は筋力、パワーや有酸素性持久力・無酸素性持久力、柔軟性のように、必ずしも生理的な適応によって改善されるものではないため、計画的に行われることが見落とされがちであるが、各選手の動きの特徴をとらえて、PDCAサイクルを背景に計画的に進めていくことが大切である。

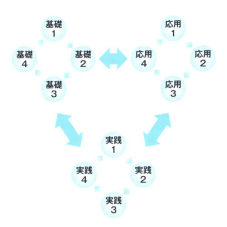

基礎・応用・実践の関わりあいを見極め、それぞれの動きの弱点を、全体を循環しながら修正改善していく

図7　調整力（動き・技術）トレーニングの進め方

調整力の優劣を決める指標として、時間や空間を実践的な運動のなかでとらえ、力の出し方、抜き方を調整する能力（力の時間的、空間的、強さの調整能力）（猪飼、1972）や、平衡性や巧ち性、敏しょう性（学習指導要領）などが考えられる。

これらを含めた運動センスの有無は生来のものと言われることが多いが、幼少期から様々な運動に興味を持たせ、性質の異なる運動を多く経験させることや、うまくなるためにどうすれば良いかを考えながら運動を試す機会を増やすことが、調整力の向上に大きく影響する。また、いかなる年代の競技者であっても、運動技術を向上させていくことはパフォーマンスの向上・維持に最も重要な要素である。成熟するにつれ、競技者は運動センスを意識的にさらに向上させることを怠ってはならない。

総合的に調整力を説明することを試みるならば、運動のプログラムを個人の固有の感覚のなかで構築する能力と言えるのではないだろうか。意図的であれ、非意図的であれ、一流のスポーツ選手は効率的な動きを引き出すことに長けている。幼少期から様々な運動の形態を学ぶことで調整力の器を大きくすること、同時に、歳を重ねるごとに意識的により効率的な動作へと洗練させていくことが、長期にわたって競技パフォーマンスを向上・維持させていくために大切である。

一方、動き方の不器用な選手は、傷害に陥りやすいことも周知である。傷害のリスクをできる限り回避しながら、より高くパフォーマンスを向上させるために、運動技術の基礎となる調整力について十分に考慮することが必須である。

2　柔軟性のトレーニング法

柔軟性とは　人間の身体は曲げたり（屈曲）、伸ばしたり（伸展）、回したり（回旋）、捻ったり（捻転）することができ、またそれらを組み合わせて様々な運動（動き）ができるが、それらは全てその運動に関与する身体各部位の関節の種類（特性）によって決まる。

　　　肩：球関節　　**肘**：蝶番関節など　　**手首**：らせん関節など　　**手指**：蝶番関節など
　　　股：臼関節　　**膝**：らせん関節など　　**足首**：らせん関節など　　**足指**：蝶番関節など
　　　脊柱：平面関節など

柔軟性は、様々な運動の基になる「関節の可動性」を表す体力の要素である。

柔軟性に優れると、①関節の可動範囲が大きくなるので、大きなパワーを発揮することができる、②ケガの防止に役立つ、などの効果が得られる。このために、柔軟性は投打走跳などの多彩な動きが含まれる野球においては大切な体力要素である。

なお、実践の場で〝動きが柔らかい、かたい〟という会話をよく耳にする。これは、関節の可動性を表す柔軟性よりも、より合理的・効率的に動くことができる能力である調整力や技術との関わりが深いので、ここでの柔軟性とは異なるものであろう。

柔軟性の評価法　柔軟性の優劣は、関節の最大可動性で評価されている。一般的な測定項目には、長座体前屈がある。野球においては肩関節（前後、回旋）、股関節（前後・左右開脚、回旋など）、脊柱（体捻転）の柔軟性が重要であるが、これらを精度よく測定するのは難しい状況にある。

柔軟性に影響する要因　関節の最大可動性に影響する要因には、①関節部位の形状、②靭帯の弾力性、③筋や腱の伸展性などがあげられるが、これらに加えて④神経機能も重要な要因としてあげられる。とくに④は、急激な筋や腱の伸展に対するケガの予防などのために大切である。具体的に言えば、例えば身体を前屈すると、ハムストリングが伸ばされて痛みを感じそれ以上は前屈できないことがある。これは、急激に伸ばされたことをハムストリングが感知し、瞬時に危険を回避するためにハムストリングに大きな力を発揮させ、前屈をさせないようにしているからである。ここには、筋→脊髄→筋への神経回路（脊髄反射または伸張反射）が関与している。したがって、柔軟性に優れるためにはこの伸張反射を抑制できることが大切になる。PNF（Proprioceptive Neuromuscular Facilitation、固有受容器神経筋促通法）は、これに着目した施術技法、トレーニング法でもある。

柔軟性のトレーニング法とその留意事項　柔軟性のトレーニングにおいては、静的ストレッチングと動的ストレッチングがよく行われている。すでに、身体各部位の屈曲、伸展、回旋、捻転などに関わる様々な運動が開発されており、その行い方も概ね確立されている。スポーツ種目の特性やチーム、個人の特性に応じた指導書なども数多く市販されているので、これらを参照されたい。

ここでは、実践現場で行われているストレッチングや柔軟性トレーニングのおもな留意事項を述べることとする。

①　**ペアーで行うストレッチ運動を取り入れる**

　　例えば、うつ伏せでの体後屈をペアーで行う（補助者が実施者の脇の下か

ら手を入れて、実践者を持ち上げる)。これにより、柔軟性の限定要因のひとつである筋力の影響を軽減できるので、胴体を大きくそらすことができる。

② **動的ストレッチ運動を取り入れるようにする**

これにより、一方向だけの静的ストレッチ運動の不備を少なくできる。肩関節（球関節）や股関節（臼関節）のような多方向に動く関節では、インナーマッスル（深層筋）も伸展できるので、とくに重要である。

③ **野球の動きと関連のある専門的なストレッチ運動を取り入れる**

これにより、野球のパフォーマンスの向上のみでなく、野球によるケガの防止にも役立つ。

④ **状況に応じてPNFなどの徒手抵抗運動を取り入れる**

PNFなどを行うことにより、一時的に柔軟性や筋力を高めることができる。例えば、投手が数イニング投げて疲れが出てきたときに行うと、柔軟性や筋力の回復が期待できる。また、傷害からの復帰や、準備期、試合期の柔軟性や神経筋機能の調整や改善においても効果が期待できる。

⑤ **ウォームアップやクールダウンのみでなく、主トレーニング（主練習）のなかでもストレッチング運動を随時取り入れる**

これにより、野球の動きと関連のある専門的な柔軟性を高めることができる。また、本練習による疲労の回復やケガの予防に役立つ。ストレッチング運動は身体にそれほど大きな負担をかけることはないので、体調管理のためにも絶えず取り入れるようにする。

⑥ **発育期の早期からストレッチングを取り入れる**

柔軟性は、調整力と同じように、発育発達期から大きなトレーニング効果が得られるので、早目に取り入れるようにする。

上記のことは、これまで行われている柔軟性トレーニングを見直す際のひとつの視点になろう。

柔軟性に優れ、関節の可動範囲が広いと大きなパワーを発揮するために有利である。野球においては、肩の外旋可動性の優劣が投球・送球のスローイング能力に影響する。肩の外旋可動域が極端に低い野球選手に、肩が強いと言われる選手はいないと言って良い。スローイング時に腕のスイングの角速度を得るためには、肩関節の外旋の可動域がある程度確保されることが非常に大切である。また、腕をスイングするための柔軟性には、肩甲上腕関節の可動域だけではなく、胸郭（胸鎖関節、胸肋関節、肋椎関節などを含む）の可動域や肩甲骨と胸郭（肩甲胸郭関節）

の可動域など様々な柔軟性が関与する。
捕手や内野手に要求される下肢の深い屈曲姿勢における捕球から送球への動作は、股関節周辺の一定水準以上の柔軟性を確保して初めて可能なものである。また、投手が投球時にストライドを確保しながら回転動作を行うためにも股関節周辺の柔軟性が重要である。このように、下肢の深い屈曲姿勢での高強度の運動や、肩や股関節周辺の大きな回旋運動を強いられるスローイングなど、野球独特の運動技術における傷害予防の観点からも柔軟性は重要な役割を果たす。

3 筋力のトレーニング法

筋力とは 筋力は、筋が収縮したときに発揮する力のことである。筋力の発揮のしかたには3種類ある。

アイソメトリック筋力（等尺性筋力）：筋が長さを変えないで発揮する力
コンセントリック筋力（短縮性筋力）：筋が短くなりながら発揮する力
エキセントリック筋力（伸張性筋力）：筋が長くなりながら発揮する力

腕相撲（上腕二頭筋）を例にとると、両者がつり合っているときは等尺性（筋力は発揮しているが筋の動きはない）、勝っているときは短縮性（力の方向と筋の動きの方向が同じ）、負けているときは伸張性（力の方向と筋の動きの方向が反対）で筋力を発揮している。

図8（P66）は筋の収縮速度と収縮力との関係（筋の力-速度曲線）を示したものである。短縮局面では、収縮速度が小さいときは大きな力を発揮し、収縮速度が大きくなれば発揮する力は小さくなる。伸張局面では、等尺性筋力よりも大きな力

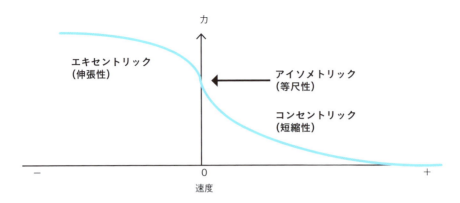

図8　筋の収縮力と収縮速度との関係

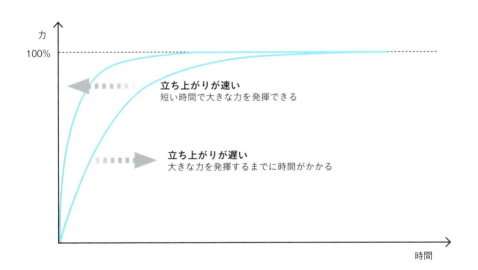

図9　アイソメトリック収縮での筋出力の発揮形態
例：Cybexなどを用いて、膝曲げ角度90°で、膝関節の最大伸展力を計測し、力の立ち上がりの速さを見る

を発揮する。見た目には、引いているときよりも引っ張られているとき、押しているときよりも押し込まれているときの方が大きな力を発揮するということである。これらの生理学的事実は、技術や体力、あるいはそれらのトレーニング方法を考える際に有用になろう。

筋力の評価法　筋力の優劣は最大筋力で評価する。そのおもな評価方法は次のとおりである。

静的方法　等尺性の最大筋力：例えば、握力の測定

動的方法　1RM（Repetition Maximum）：バーベルなどを1回挙上できる最大重量

静的方法は測定器具・機器が必要であるが、動的方法は安全性を配慮すれば手軽に測定できる。数回（10回以内）繰り返すことができる重量を測定することによって、より安全に最大筋力を推定することもできる。

また、Cybexなどを使って様々な角速度での筋力を測定することや、力の立ち上がりの速さを計測することも可能である。力の立ち上がりが速いことは、爆発的に力を発揮するための重要な要素のひとつである（P66図9）。

筋力に影響する要因　最大筋力に影響する要因を知ることは、トレーニング方法を考える際に役立つ。最大筋力に影響するおもな要因として、筋の横断面積と筋に力を発揮させる神経・筋機能（運動単位の動員能力）の2つがあげられる。

筋力のトレーニング法　筋力に影響するおもな2つの要因に基づき、筋力トレーニングの方法は大きく2つに分類される。

最大筋力の向上をねらいとした筋力トレーニング法

神経・筋機能の改善をねらいとし、高強度・低回数、セット間に比較的長い休息時間（レペティション法）を用いて行うことに特徴がある。高強度で行うことにより、運動単位の動員数が多くなる。筋の質（筋断面積あたりの筋力）を高めるために、競技者が昔からよく用いている方法である。

筋肥大をねらいとした筋力トレーニング法

筋断面積の増大（筋量の増大）をねらいとし、中強度・中回数、セット間の短い休息時間（短インターバル法）を用いて行うことに特徴がある。スローリフト法、加圧法などもこのタイプのトレーニングである。これらの方法はいずれも、筋の低酸素化による成長ホルモンの分泌を通して筋のタンパク代

最大筋力の向上を目的としたトレーニング手段の例	筋肥大を目的としたトレーニング手段の例	最大筋力と筋肥大の両方を目的としたトレーニング手段の例
ハーフスクワット 140kg×3〜5回　3set（休息4分）	ハーフスクワット 120kg×10〜15回　2set（休息1分） 110kg×10〜15回　2set（休息1分） 100kg×10〜15回　2set（休息1分）	ハーフスクワット 140kg×3〜5回　3set（休息4分）
シングルレッグスクワット 70kg×3〜5回　2set（休息4分）	シングルレッグスクワット 60kg×10〜15回　2set（休息1分） 50kg×10〜15回　2set（休息1分） 40kg×10〜15回　2set（休息1分）	シングルレッグスクワット 70kg×3〜5回　2set（休息4分）
フルランジ 50kg×3〜5　2set（休息4分）	ボックスランジ 60kg×10〜15回　2set（休息1分） 50kg×10〜15回　2set（休息1分） 40kg×10〜15回　2set（休息1分）	フルランジ 50kg×3〜5回　2set（休息4分）

図10　下肢の典型的な2つの筋力トレーニング手段の例
（ハーフスクワットの1RMが150kg程度の選手の場合）

ハーフスクワット
120kg×10〜15回　2set（休息1分）
110kg×10〜15回　2set（休息1分）

シングルレッグスクワット
50kg×10〜15回　2set（休息1分）
40kg×10〜15回　2set（休息1分）

ボックスランジ
50kg×10〜15回　2set（休息1分）
40kg×10〜15回　2set（休息1分）

謝を促進すると言われている。元々、筋の量を増やすためにボディビルダーがよく用いていたが、近年では競技者もよく用いている。

図10（P68）は典型的な筋力トレーニング手段の例である。ウェイトトレーニングの種目は、バーベル・ダンベル、マシンなどの機器や体重を用いて行う様々な動きや負荷方法が多くの著書で紹介されている。また、トレーニング機器の発達も目覚ましいものがある。

　動作に様々な変化をつけてバリエーションを増やすことができるが、高重量を扱う種目ではとくに安全性を考慮すべきである。

筋力トレーニングの留意事項　野球選手が筋力トレーニングを行うことの是非については、今もなお論議されている。一流選手を見ても筋力トレーニングを全く行わない者もいれば、しっかりと筋力トレーニングを行って成功した者もいれば失敗した者もいるからである。このような状況にあるが、筆者は筋力トレーニングを意図的に計画的に行うべきであるという立場である。それは、野球における運動技能はほとんどすべてがスピード・パワー（無酸素性パワー）に依存していること、大きなスピード・パワーを発揮するためにはその基礎である筋力の向上を図っておくことが大切だからである。問題は、何に留意しながら筋力トレーニングを行っていくかであろう。ここでは、とくに気をつけなければならない筋力トレーニングにおけるおもな留意事項を述べることとする。

① 筋力トレーニングで用いる動きに留意する

　　爆発的な力の発揮に効率的な動き、かつ野球の動き（技術）と関連のある動きを重視することが大切である。

② 筋肥大をねらいとした筋力トレーニングの取り入れ方に留意する

　　どこまで筋を肥大させるのかを、個人の身体的・技術的特性によって適切に判断することが大切である。筋肥大偏重の筋力トレーニング手段には、力の発揮を効率的に行うための動作に対する考慮が足りないものが多いことにも注意することが重要である。

③ 筋力トレーニングの後に行う運動に留意する

　　とくに高強度の筋力トレーニングを行った後には、クールダウンとして動

的ストレッチや静的ストレッチを行い柔軟性の低下を防ぐことが大切である。

④ **1日のトレーニングのなかでの筋力トレーニングの取り入れ方に留意する**
筋肥大を目的とするような、量が多く疲労が残りやすいトレーニングを行う場合には、技術練習や無酸素性パワーを養成するためのトレーニングを行った後で行うことが望ましい。しかし、試合期などで時間的な制約がある場合には、筋力の維持を目的としたトレーニングであれば、強度と量を十分に考慮して全てのトレーニングの前に行う場合もある。

⑤ **発育発達期における筋力トレーニングの取り入れ方に留意する**
発育発達期における過度の筋力トレーニングは避けるべきである。最も大きな理由としては、技術的にも未熟で形態的に未発達な場合に、骨や関節周囲の軟部組織は柔らかく、腱や靭帯の付着部は脆弱であることがあげられる。筋力強化が先行しすぎると、1回1回の運動による力発揮の大きさにより局所に大きなストレスを加え、大きな傷害を引き起こす可能性を高める。筋力トレーニングは成長過程を十分に考慮しながら行われるべきである。

⑥ **肩関節周辺の回旋筋群（インナーマッスル）、肘周囲の筋群、体幹部の筋群の筋力トレーニングの取り入れ方に留意する**
これらのトレーニングは習慣化して毎日のように行うことが有効である。重点的に行う場合を除けば、技術練習や他のトレーニングに対する影響はそれほど大きくはないので、トレーニング全体のスケジュールのなかでは、1日のなかで最も組み込みやすいタイミングで継続的に行うことが大切である。肩関節に機能不全などの問題を持つ選手の場合には、スローイングの前に行い、肩周辺の神経-筋や関節受容器の機能を充実させておくことが有効である。

⑦ **傷害後の回復過程における筋力トレーニングの取り入れ方に留意する**
単純に筋力の最大値だけでなく、関節のあらゆる角度での力発揮や、力の立ち上がり速度を回復・改善するように留意することも大切である。

以下は、野球選手に必要な代表的な筋力トレーニング手段である。
① ウェイトトレーニング
② 各種体幹部のトレーニング
③ 肩関節周辺の回旋筋群（インナーマッスル）や肘周囲の筋力トレーニング、など

①と②はおもに野球選手にとって必要な全身的な筋出力を向上させることを目的としたトレーニングである。③はおもに野球に特有の局所的なストレスに耐えうるための、傷害予防のための筋力トレーニングである。ここではおもに①に関する記述にとどめる。②や③のトレーニングに関するアイデアについては数多くの指導書が出版されている。目的にしたがってこれらを参考にされたい。

①のウェイトトレーニングは野球選手にとって代表的な筋力トレーニングの手段と言えるが、野球選手のパフォーマンスを向上させるために必要な筋力とはどのようなものかを限定することは容易ではない。例えば、体重別に分けられている柔道やレスリング、ウェイトリフティングなどの選手であれば、体重あたりの筋力（相対筋力）を向上させるための取り組みが必要である。体重制限のない陸上競技のハンマー投げや砲丸投げの選手であれば、自分の身体の動きをコントロールできる範囲でできるだけ大きな筋力（絶対筋力）を身につけることが有効である。

野球選手の場合には、筋力を基礎とした無酸素性パワーの能力を背景に投打を中心とする野球技術が発揮されるが、その発揮形態は状況によっても、個人のプレースタイルによっても様々である。筋力トレーニングは、技術や体力トレーニングのなかで定期的に計画性を持って意図的に組み込まれなければならない。ただし、筋力を飛躍的に向上させたにも関わらず野球選手としてのパフォーマンスに思うように反映されない例は少なくない。一方で、筋力の向上とともに飛躍的なパフォーマンス向上につながる選手もいる。野球選手にとって筋力を開発することは大切であるが、筋力を活かす能力そのものが個人に備わっているかを考える必要がある。筋力はあくまで出力を大きくするための一条件であり、これを実際に効果的な動き方で集中的、爆発的に野球技術のなかで発揮できることが、筋力をパフォーマンスのなかで活かすためには大切である。

いずれにせよ、野球選手の競技力を支える一要素として筋力が不可欠であることは疑う余地はない。選手の成熟度合いや個性を考慮して、筋力トレーニングは技術・体力トレーニング全体のなかで計画的に行わなければならない。筋力の向上・維持は、選手にとっては大きな時間と労力を要するが、計画的にトレーニングを行うことで比較的管理しやすい体力要素でもある。全身的な出力を向上させる筋力トレーニングとして最も典型的な手段はウェイトトレーニングである。運動の選択や強度と量の設定を十分に考慮した上で、ウェイトトレーニングを中心とした筋力トレーニングを行うことが重要である。

4　パワー（無酸素性パワー）のトレーニング法

パワーとは　野球においてパワー（無酸素性パワー）はきわめて重要である。パワーは実践の場では、瞬発力、敏しょう性、俊敏性、パワー、スピード、アジリティー、クィックネスなどの呼ばれ方をしているが、いずれも爆発的に（短時間に）大きな無酸素性エネルギー（ATP-CP系のエネルギー）を出す能力としてみなされている。

パワーの評価法　パワーの優劣は、短時間（約10秒以内）に産生された無酸素性エネルギーを直接測定することが難しいので、一般には短時間運動における成績（パフォーマンス）を用いて評価している。運動は50m走、垂直跳び、ハンドボール投げ、自転車のペダリング運動、腕（肘）屈曲・伸展、脚（膝）屈曲・伸展など様々である。またそれらは全身運動と部分運動、上半身の運動と下半身の運動、単発的運動と連続的運動、循環型運動と非循環型運動、ピストン型とスイング型、スピード型運動と力型運動など、様々なタイプの運動に分かれる。そのために、その運動の特徴をとらえて、上述のような名称でパワーの優劣を評価している。

このことは、パワーの優劣はひとつの運動やひとつの負荷方法では的確に評価できないことを示している。しかし、運動ごとに名称をかえて評価することは煩雑なので、ここでは一括して、単にパワーと呼ぶこととする。ただし、下記のようにパワーをいくつかに分けておくことが役立つ。そのことによって、どのパワーに優れどのパワーに劣っているかを的確に評価することができるからである。

　　走型パワー、跳型パワー、投型パワー、打型パワー
　　腕屈曲・伸展パワー、脚屈曲・伸展パワー
　　スイング型パワー、ピストン型パワー
　　スピード型パワー、力型パワー
　　アイソメトリックパワー、コンセントリックパワー、エキセントリックパワーなど

野球には、様々な動き（運動様式）が含まれているので、上記のような様々なパワーが関与しているが、その関与のしかたはポジションによって大きく異なる。例えば、投手であれば投型パワーに加えて、上半身はスイング型パワー、スピード型パワー、エキセントリック・コンセントリックパワー、下半身はピストン型パワー、力型パワー、エキセントリック・コンセントリックパワー、また体幹は力型パワー

と3種の筋収縮（アイソメトリック、コンセントリック、エキセントリック）によるパワーが大きく関与している。これらのことは、投手のパワーを評価する場合には、特性の異なる様々な運動を用いることが必要であることを意味している。

パワーに影響する要因　筋力を基にして、目的とした動きのなかで爆発的に力を発揮する能力が無酸素性パワーである。1回ごとの運動において発揮されるパワーの大きさは筋内に貯蔵されるATP-CPの量に大きく影響される。筋内に貯蔵されるATP-CPの量は、筋の大きさに依存する。無酸素性エネルギーは筋内に貯蔵されているATP-CPを用いて即座に産生されるが、約10秒以内の激しい運動で消失する。しかしATP-CPの再生産は速いので、運動遂行時間にもよるが少し休息すればまた前と同様の運動を遂行できる。

また、実際の競技パフォーマンスで発揮されるパワーは様々な運動を通して発揮されるので、パワーを決定する要因には、筋力の項で述べた筋力を決定する要因の他に、柔軟性、動きをコントロールする調整力や身体の形態が関与している。膝関節や股関節の単関節運動で大きな力を発揮できるからといって、跳躍運動など多関節運動によって行われる下肢のパワーの発揮においてはそれほど優れていない競技者がいることも事実である。このことは、筋力以外の要素がパワーに関与していることを示している。

おもな要因として以下のようなものが考えられる

① 身体形態、筋組成
② 力の立ち上がりの速さ（P66図9）
③ 動きの調整力

①については、骨格や筋腱の長さの比、筋腱の骨への付着部の位置、筋の羽状角や筋線維組成などは、トレーニングによって大きく変えることはできない。しかし、②や③についてはトレーニングによって改善できる可能性がある。例えばウェイトトレーニングを行う際、筋力向上や筋肥大のみをねらいとして行うのではなく、伸張局面から短縮局面への切り換えをできるだけすばやく行うことなどは力の立ち上がりの速さを向上させる可能性がある。また、常に動きに留意点・着眼点を持って筋力トレーニングを行うことが、調整力（コーディネーション能力）を向上させ、多関節運動において効率的にパワーを発揮するためには大切である。

パワーのトレーニング法　爆発的に力を発揮するような運動を行うことによって

パワーは養成される。以下のような野球の技術的トレーニング手段の多くは、無酸素性パワーのトレーニング手段でもある。

① **投球練習**
② **打撃練習**
③ **守備練習でのダッシュ、ストップ、スローイング、など**

これらの技術トレーニング手段によって、パワーを向上させることは可能である。しかし、専門的なこれらの運動のみでパワーのトレーニングを行うことには、次のような問題点が考えられる。

① 投球動作における肩肘に代表されるように、局所へ過度の負担がかかる
② 〝投げる〟、〝打つ〟、〝捕る〟などの運動においては、トレーニング効果の得られる負荷を十分にかけることができない
③ 〝投げる〟、〝打つ〟、〝捕る〟などの運動のみでは、全身や局所の長所や短所に対する重点的なトレーニングを行うためには効率的ではない、など

これらの問題を解決するために、技術に関連のある動きを用いてパワーのトレーニングを計画的に行う必要がある。そのために行われるトレーニング手段のひとつ

表7　野球選手に用いられる代表的なメディシンボールを使った投運動

上方向	スクワット姿勢からのスローイング	フロントスロー　バックスロー ラテラルスロー	など
下方向	オーバーハンドからのスローイング	片脚踏み込み 小さなジャンプからの叩き付け	など
横方向	横方向への体重移動からのスローイング	ワンハンドスロー ツーハンドスロー	など

表8　野球選手に用いられる代表的な跳運動

両　脚	連続ジャンプ	垂直方向 前方向 斜め方向（切り換えしあり*1） 横方向（切り換えし　あり／なし*2）	など
片　脚	連続ジャンプ	垂直方向（片脚連続） 斜め方向（交互） 横方向（交互、切り換えし　あり／なし）	など

進行方向と身体の向きは図11（P75）で表示

としてプライオメトリクスで用いる運動がある（P74表7、8）。ここに示す運動は、5〜10回ごとに1分程度の休息をはさみ、総回数が鍛錬期であっても約100回以内で行うことが適切であろう。

  例1 メディシンボールスロー：表7（P74）の各種目を10回ずつ（総回数70回）
  例2 両脚ジャンプ：表8（P74）の種目を10回2セットずつ行う（総回数70回）
  例3 スプリント：走運動によるトレーニングを短い距離（20〜30m）で行う場合には15本以内で、ゆっくり歩いて戻る程度の休息を挟んで行う。

パワー向上のためのトレーニング方法は競技種目によっても様々であろう。しかし、共通して言えることは、重力下で行われる多くの競技スポーツにおいて下肢の力型のパワー発揮が多くの場面で求められていることである。野球においても、様々な運動に関わっている下肢とともに、上肢および体幹のパワーのトレーニングを進めていくことが重要であろう。

パワートレーニングの留意事項 パワートレーニングを行う際のおもな留意事項をあげる。

① パワートレーニングで用いる動きに留意する

一般的パワートレーニングとしてよりパワーを発揮しやすい動きを用いること、専門的なパワートレーニングとして野球に関連した動きを用いることが大切である。例えば、メディシンボールスローのような投型の運動でも、単純なスクワット動作から両腕を使って投げるような運動は一般的パワートレーニングと言える（P198〜201）。一方、横方

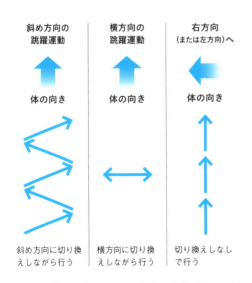

図11　跳躍運動における進行方向と身体の向き

向の体重移動から踏み込み動作を介して投げる動作は専門的パワートレーニングと言える（P201〜209）。いずれの場合も、用いる運動においてより効果的な動きを明確にして行うことが重要である。

② **1日のトレーニングのなかでのパワートレーニングの取り入れ方に留意する**

1日のトレーニングのなかで疲労感が少なく、かつ、高い強度で集中してトレーニングを行う。

③ **傷害の予防に留意する**

過度の反復や、局所にストレスのかかる動きで行うと傷害の直接的な原因となる。頻度や反復回数、局所に負担のかかるような動きをできるだけ避けることに留意する。

④ **発育発達期におけるパワートレーニングの取り入れ方に留意する**

発育発達期においては身体の一部に過剰な負荷がかかる手段は避けるべきであるが、様々な全身的な動きを用いてパワートレーニングを行うことは大切である。爆発的な力の発揮のしかたや動き方の学習をとおして、調整力（神経系）の発達が期待できるからである。

爆発的な力の発揮をともなうパワートレーニングでは、トレーニングそのものが傷害の原因となってしまうことも少なくない。トレーニングによる傷害のリスクを最小限に抑えるためにも、どのような動きでトレーニングを行うかということには常に留意しなければならない。また、野球のボールを使わない、いわゆる体力トレーニング手段においても、野球の技術的要素を含む運動を選択して取り入れなければならない。さらに、それほど強度が高くない運動においても、力を爆発的に発揮するために有効な動き方そのものを身につけることをトレーニングのなかで意図的に行われなければならない。

野球選手が技術的な向上を視野に入れて行うべきパワーのトレーニング手段については、第7、8章に代表的なものを紹介する。

5　無酸素性持久力のトレーニング法

無酸素性持久力とは　無酸素性持久力は、酸素摂取に頼らない、乳酸系（LA系）のエネルギー代謝によって運動を持続する能力である。全身的な無酸素性持久力と局所的な無酸素性持久力がある。

無酸素性持久力の評価法　無酸素性持久力の優劣は、おもに酸素負債能力で評価する。酸素不足中のエネルギー代謝において体内で生成されるのが乳酸であり、乳酸をどこまで許容しながら運動を持続できるかが酸素負債能力を裏付けるひとつの指標となる。

実験室においては、実験用のバイクを用いて、体重の7.5％の負荷で30秒間の全力ペダリングにより測定するウィンゲートテストが代表的である。

フィールドテストにおいては、1分間走などが代表的である。野球選手の場合には、高い水準の無酸素性持久力がパフォーマンスのなかで要求されることはないが、一定の水準に達していることは大切である。定期的に行われるインターバルトレーニング（例：100m×8本；90秒rest、200m5本；150秒restなど）や、準備期（鍛錬期）に全力で行うシャトルラン（例：50/40/30/20/10m、50/30/10m）などの走能力を通して評価することができる。

無酸素性持久力に影響する要因　無酸素性持久力に影響するおもな要因には、乳酸産生にともなって生ずるH^+（水素イオン）の除去能力（緩衝能）や乳酸耐性能力などがあげられている。

無酸素性持久力のトレーニング法　全身運動や局所運動で運動中の酸素不足をできるだけ大きくするためには、30秒から120秒程度の時間で疲労困憊に至るような強度の運動が有効である。このような運動では、運動中の酸素不足（酸素負債）や血中乳酸が大きくなる。走運動で行うトレーニング手段の例として、以下のようなものがあげられる。

例1：300m（rest180秒）×3〜4

例2：200m（rest120秒）×4〜6

例3：100m（rest90秒）×6〜8

例4：300m（rest150秒）200m（rest120秒）100m（rest90秒）200m（rest120）300m

また、局所的に繰り返し高い運動負荷がかかる投手の肩肘周辺の機能向上のために、肩のインナーマッスルや肘周辺のトレーニングを行う際には、筋の無酸素性持久力を養成することも目的の一部であることを意識して、休息時間や反復回数などの運動負荷を設定すべきである。肩のインナーマッスルなどのトレーニングは、15〜20回程度反復可能な低強度から中強度の負荷で、比較的短い休息時間（60秒程度）で行うことが有効であろう。

無酸素性トレーニングにおける留意事項

① **どのような運動を用いるかに留意する**
　ランニングに限らず、ステップ運動や跳躍運動など、様々な動きを採用することもトレーニングが単調にならないためには有効である。

② **1日のトレーニングのなかでの無酸素性持久力トレーニングの取り入れ方に留意する**
　終了後の疲労度が高いトレーニングは、1日のトレーニングにおいては技術・戦術トレーニングなどが行われた後に行うことが望ましい。

③ **試合期の無酸素性トレーニングの取り入れ方に留意する**
　毎日試合に出る野手や、いつ登板するかわからないリリーフ投手などは、どの程度の負荷（強度と量）でトレーニングを行うかを十分に考慮する必要がある。試合への疲労による影響を最小限に抑えつつ、シーズン中も無酸素性持久力を維持できるよう、過不足のない強度と量を設定するよう留意すべきであろう。

④ **発育発達期における無酸素性持久力トレーニングの取り入れ方に留意する**
　発育発達期における過度の全身的なトレーニングは避けるべきである。このトレーニングは精神的にも大きなストレスがかかる場合が多く、燃えつき症候群（バーンアウト）を引き起こす原因にもなりうる。将来の厳しいトレーニングへの準備として、どの程度のトレーニングが適切かということに留意して計画することが重要であろう。

　古くから野球における体力トレーニングは"走り込み"を中心に行われてきた。走ることは野球選手として非常に重要であるが、野球においては、試合中に全身が酸素不足により疲労困憊状態に陥るということはない。走ることを体力トレーニングの中心におくことによって、トレーニング全体が無酸

素性持久力や有酸素性持久力の養成に大きく偏ることは、投手、野手に関わらず避けなければならない。

投手においては、"投げ込み"によって肩肘の関節機能の向上や下半身の筋力の向上を図る、ということも多く見られる。投げ込みによって投手としての専門的体力を高めることは非常に重要であるが、これらのことは、傷害予防の観点からもトレーニング全体の取り組みのなかで計画的に行われるべきであろう。このことは、"打ち込み"においても同様である。

無酸素性持久力は、一般には全身的なものを示す場合が多いが、野球選手の場合には、投手の肩肘に代表されるように、繰り返し投球することにより大きな運動負荷が局所にかかるため、局所的なものについても考慮することが大切である。

一方野手においては、走塁や守備において、続けて何度も繰り返してスプリントを行うことは稀ではない。このような状況に対する準備として、全身および局所の無酸素性持久力を適切な水準まで高めておくことが大切である。

なお、高い水準の技術を獲得するためには、多くの反復が要求される。野球選手にとって、トレーニング量を確保し、高強度の運動や技術的トレーニング（技術練習）をより多く反復するためには、有酸素性持久力とともに無酸素性持久力を適切に高めておくことは意味があろう。

6　有酸素性持久力のトレーニング法

有酸素性持久力とは　有酸素性持久力は、酸素摂取によってエネルギー（O_2系）を供給しながら運動を持続する能力である。走る、泳ぐなどをはじめとした全身的な運動において、5分から15分程度の比較的短い時間での持久的な運動では最大酸素摂取能力が求められ、それよりも長時間の運動になると酸素摂取の持続能力が求められる。

有酸素性持久力の評価法　有酸素性持久力の優劣は、おもに酸素摂取能力で評価されている。実験室においては、約5分から10分で疲労困憊するような全身運動を用いて、1分間あたりの最大酸素摂取能力（VO_2max）を計測することによって評価している。また、運動中に乳酸や換気量などが急増し始める時点などから無酸素性作業閾値（Anaerobic Threshold：AT）を計測することによって、酸素摂取の持続能力を評価している。

フィールドテストにおいては、20mビープテスト（20mシャトルランテスト）、Yo-Yoテスト、1500m持久走、5分間走、12分間走などが代表的である。野球選手の場合には、インターバル走（例：200m×12本；60秒rest、300m×8本；90秒rest）の走能力などで評価することもできる。また、シーズン中には定期的に比較的長い時間のジョギングやエアロバイクなど（20〜50分）の運動を行うことにより、有酸素性持久力を維持・向上するための取り組みを継続しているかを評価することも大切であろう。

　有酸素性持久力に影響する要因　有酸素性持久力に影響するおもな要因として、換気量、心拍出量、肺や筋の拡散容量を含む呼吸循環機能があげられている。

　有酸素性持久力のトレーニング方法　最大酸素摂取能力を高めるためには、5〜10分間程度の継続的な負荷で疲労困憊するような運動を行うことが有効である。このような運動では心拍数が180拍/分以上にもなる。一方、酸素摂取の持続能力を高めるためには、心拍数が120〜160拍/分程度の負荷で、30分以上継続して運動を行うことが有効である。野球選手の場合には、高水準での有酸素性持久力は試合中のパフォーマンスにおいてとくに要求されないであろう。無酸素性持久力のトレーニングとの中間的なトレーニングを行うことや、日々のウォームアップやクールダウンにおけるジョギングの量を調整することなども有効である。トレーニング手段の例として、以下のようなものがあげられる。

　　例1：30分持久走またはジョグ
　　例2：バイク30分（心拍数140/分）
　　例3：スピードプレー（100m快調走＋90秒ジョグの繰り返し）20分

有酸素性持久力トレーニングにおける留意事項

① **どのような運動負荷を用いるかに留意する**
　オフシーズンやケガのリハビリ時には、ランニングやバイクを中心に、水泳などを用いることもトレーニングが単調にならないために有効である。

② **1日のトレーニングのなかでの有酸素性持久力トレーニングの取り入れ方に留意する**
　野球においては、強度が高い有酸素性持久力トレーニングは、技術・戦術トレーニング、パワートレーニングなどが終了した後に行うことが望ましい。強度の低い有酸素性トレーニングは、日々のウォームアップやクールダウンのなか

で習慣的に行ことが有効であろう。

③ **インターバル走において有酸素性持久力と無酸素性持久力の中間的なトレーニングとして、運動強度をやや高く（タイムをやや速く）設定し休息時間を長くし、反復回数を少なくすることでトレーニングの効率化を図る**

例：有酸素性持久力トレーニング：200m（35"以内）×12（60"rest）

↓

無酸素性・有酸素性持久力トレーニング：200m（32"以内）×6（90"rest）

④ **発育発達期における有酸素性持久力トレーニングの取り入れ方に留意する**

発育発達期に有酸素性持久力トレーニングを適切に行うことは、呼吸器循環機能を発達させる上で大切である。発育発達に即して適切に運動強度を高くし、量を増やしていくように留意すべきであろう。

野球において、試合中に酸素摂取能力を個人の最大水準まで求められることはない。しかし、投手の1球ごと、イニングごとの回復能力や、野手の走塁、守備での運動間の回復能力を高めるために、酸素摂取能力を適切な水準まで高めておくことは大切である。

また、無酸素性持久力と同様に、有酸素性持久力はトレーニングの量を確保していくためにも重要な体力要素のひとつである。試合やトレーニングでの疲労の回復能力は有酸素性持久力によるところが大きい。トレーニング全体に対する余力を増すためにも、トレーニング全体の量と強度の許容量を上げるためにも酸素摂取能力は重要である。

戦術、技術、体力トレーニング全体を構成する際、野球選手にとって有酸素性持久力と無酸素性持久力はどのような意味を持つかを整理することが大切である。また、野球において特に重要な筋力、パワー、調整力の養成を促すためには、どのような水準で有酸素性持久力と無酸素性持久力を獲得し、トレーニング全体のなかでどの程度の割合を持つかについて十分に考慮することが大切である。

日本の野球においては、走運動によるトレーニングは非常に大きな比重を占めてきた。スプリントやインターバル走、長距離走によって養成される無酸素性パワー、無酸素性持久力、有酸素性持久力はそれぞれ野球においても大きな意味があるが、それぞれの意味を十分に理解した上でトレーニング計画に組み込まれなければならないと考えられる。

6 野球における動きのトレーニング

　野球のトレーニングでは、おもにチーム全体で戦術的なトレーニングが行われ、それぞれのポジション、個人に分かれて技術トレーニングが行われる。一方、体力トレーニングは、技術の習得・改善をしっかりと意識したなかで行われるのではなく、単に体力強化としてランニングやウェイトトレーニングを含む各種の補強運動として行われていることが多い。すでに述べてきたように、野球の体力特性を明確に把握することは容易ではなく、トレーニング全体の目標も野球の技術の獲得を優先させることが一般的である。言うまでもなく、体力の各要素を効果的に向上させることは体力トレーニングを行う上で最も重要な課題のひとつであるが、野球における体力トレーニングは、動きの調整力（コーディネーション能力）の向上を背景にした運動技術の向上と、それを適切に発揮できる技能の獲得との関わりのなかで進んでいかなければならない。

　これまでの野球のトレーニングでは、調整力の向上は技術トレーニングのなかでのみ行われ、体力トレーニングは生理的適応（エネルギー系の体力）を高めるものという考え方が支配的であることを実践経験から感じていた。体力トレーニングのなかで調整力を高めることを試みている指導者も少なくないが、これらは野球の技術のなかで爆発的または集中的に力を発揮する能力を向上させるための動きを習得するようなものではなく、実際の動きとの関わりを明確にした上で行っているものではないと感じることが多い。

　このような問題を解決するために、本章では、調整力（コーディネーション能力）をどのようにとらえ、トレーニングを通してそれをどのようにして身につけていけば良いか、いかにして野球の技術のなかで発揮するための能力を獲得していけば良いか、などについて考えていきたい。次章で、野球における投打を中心とした運動技術を原理原則的にとらえることを試み、いかにして体力トレーニングと技術向上との関わりを深めていけば良いかについて考えていくことにする。

1　調整力（コーディネーション能力）と技術

　野球において、ある技術を獲得して技能として身につけるということは、身体に備わった運動能力を意図的に操作して、野球の技術として発揮できるということである。人々を魅了するような技術は、各体力要素を高度に発達させるだけでは獲得できないものである。野球に限らず、トップアスリートは固有の運動感覚によって、適切な運動プログラムを組み立てながら運動を行っている。固有の運動感覚こそが運動の調整力を支えるものであり、高度な技術を習得していく取り組みは、全て調整力を高めるトレーニングそのものであると言える。

1）運動のプログラムづくり

　運動は、脳神経系の運動中枢で緻密に組まれた運動プログラムによって制御されていると言われている。運動を上手に行うためには、多くの性質の違う運動を経験したり、ひとつの運動のなかで修正を加えながらより高度な運動技術を覚えたりすることが大切である。そのことによって、数多くの運動パターンや、より緻密に運動をコントロールする運動プログラムをつくることが可能になる。さらには、様々な種類の運動プログラムや、より緻密な運動プログラムを身につけることによって、新しく行う運動技術の習得にもすばやく対処できるようになる可能性が高い。

　幼少期から、野球に限定された専門的な運動のプログラムづくりに偏ってしまうと、調整力の全面的な発達を促すことはできない。神経系の発達が著しい発育期の子どもをどのような運動環境で育てるかということは、様々な運動プログラムを組み立てることができる調整力を発達させるために重要である。将来的に野球選手として、これだと信じる動きを自分自身で発見し、それに向かって新たな運動プログラムを身につけていこうとするときには、偏った調整力を背景にして行うことは容易ではない。また選手にとって、体力レベルやコンディションの変化は避けられないものであり、これにともない技術の発揮のしかたも絶えず変化し続けるものである。このようなときに、技術の修正と改善をできるだけスムーズに進めていくためには、技術や体力のトレーニングを通して全面的に調整力を発達させていくことを常に意識しなければならない。

2) 専門的な運動プログラム

　様々な運動種目を通して学習される運動プログラムは、そのパターンを変化させながら野球の技術のなかにも組み込まれていく。外から見ると違う動きに見える運動でも、爆発的に力を発揮する運動には多くの共通点がある。この多くの共通点を様々な運動パターン（運動種目）で学習したり、野球の技術のなかで行われている動きの一部を上手に切り出してひとつの運動として学習したりすることによって、体力トレーニングのなかで野球選手として必要な専門的な調整力を発達させることが可能になる。

　したがって、野球のように筋力やパワーを背景にした技術によって行われるスポーツにおいて、筋力やパワーのトレーニングを行う際には、どのような動きのなかで力やパワーを発揮するか、ということを常に考えておかなければならない。筋力やパワーのトレーニングは、最終的には目的とする動きを身につけるために行われるものであり、その動きをするために必要な筋力やパワーを、動きを意識したトレーニングで高めていくべきであると考えることがより実践的である。動きを学習するトレーニングのなかには、大きな重量を扱って行われるウェイトトレーニング、自体重やメディシンボールなどを使って行われる爆発的な力発揮のプライオメトリクス（プライオメトリック・トレーニング）などをはじめとして様々な運動が考えられる。言うまでもなく、野球の技術トレーニングの全てが動きを学習するためのトレーニングでもある。これらのトレーニングは、プログラム（メニュー）の組み方によって、おもに筋肥大をねらいとするのか、筋量をあまり増加させずに神経系（運動単位の動員能力）を高めることをねらいとするのか、など、トレーニングのねらいを目的に即して変えることができる。また、どのような動きで（動きの留意点をもって）それぞれの運動種目を行うのか、などについても明確にしなければならない。そのことによって、様々な運動を通して学習されてきた運動プログラムが野球の技術のなかに還元され、専門的な運動プログラムとして働くことを可能にするものである。

2　運動感覚

　運動感覚と言えば、抽象的なものであるようにとらえられる。しかしスポーツ実

践の世界では、運動は感覚によって支配されているということを実践者なら誰もが知っている。ある動きをできる人にとっては、〝こう動けばこうなるんだ〟という感覚は確かなものである。これは何も、プロ野球の投手が信じられないようなスライダーを投げるような、トップアスリートの超専門的な運動のことばかりを指しているのではない。自転車をこぐ、キャベツを千切りにするなど、日常生活のなかで、すでに当たり前に、ほぼ無意識に行っている一般の人たちが行う様々な運動も、〝こうすればできるんですよ〟という感覚に基づいている。このような運動を起こす感覚（運動感覚）がいかに自分自身にとって絶対的なものかということは、誰もが知っているはずである。

　ところが、この運動感覚というのは、その動作が高度になればなるほど誰もが同じようなプロセスで身につけられるものではない。実践の場では、選手として成功した指導者が自らの成功体験を基にして感覚的に指導することが問題になることがある。これはひとつには、運動感覚そのものの性質を十分に理解していないことに起因しているのではないだろうか。運動感覚は個人に備わる固有のものであり、感覚そのものをコンピュータソフトのようにコピーしてダウンロードできるものではない。また、その感覚をそっくりコピーできたとしても、形態や体力などの身体的特徴が異なる別の人が同じように動けるわけでもない。動きの違いや運動全体の流れを自ら感じ取り、運動全体のまとまりを自らの持つ身体条件に沿って表現できるようにする、言い換えると、個人に内在する感覚である運動感覚を各人の身体条件と照らし合わせながら磨いていくことが大切である。野球の技術を獲得する様々な取り組みのなかで、より洗練された運動感覚を個人の形態や体力などの特性、生理・解剖学的な特性に応じて発達させることが、野球選手としての技能の獲得につながる道ではなかろうか。

1）運動を起こす能動的な感覚

　感覚とは、人間の持つ五感（視覚、聴覚、嗅覚、味覚、触覚）に代表されるように、我々の身体の内側や外側で起こる様々な違い（変化）を受動的に感じるものであると言われる。このような受動的に様々な違いを感じ取る能力と運動感覚は必ずしも同じではない。画家が自らの色彩感覚で本物以上にリアリティがあると思わせるような絵を描いたり、ピアニストが同じ楽譜からその人独特のメロディーを奏で

たりすることと、運動を起こす感覚というのは類似するかもしれない。これらに共通することは、単に受動的に何かの違いを感じるだけでなく、自らが意図的（ときには非意図的）に違いを表現できる能動的な感覚である。

運動が行われたときに〝今のはここがうまくいった、今のはここがうまくいかなかった〟というように、運動の違いを後から、もしくは運動しながら感じることができる受動的な感覚も運動感覚のなかで重要な役割を果たしているが、そこには能動的に運動を起こすための感覚も含まれていなければならない。自らがこれから行うある運動を、どうすれば目的とした動きで行うことができるかについて、意図的に運動を支配する能動的な感覚と運動を感じ取る受動的な感覚を合わせて、トータルとして運動感覚をとらえるべきであると筆者は考えている。

2）運動形態（動き）を時空的にとらえる

運動の形態をとらえようとするときに、その局面的な像を追ってしまうことが少なくない。運動は、動き始めてから動き終わるまでがひとつの流れを持っており、運動の形態はひとつのまとまりのある時間的・空間的（時空的）現象としてとらえなければならない（金子 2002）。投球の連続写真や再生動画のある一局面を観察し、その局面の像を追って投げ方を身につけようとしても、全く違う動きになってしまうことが少なくない。運動は、一度動き始めると、最後まで流れのなかで行われる連続的なものでなければならない。ベルクソン（1993）は、〝不動をいくら繋ぎ合わせても、流れる運動を生み出すことはできない〟と述べているが、運動を構成する部分や要素の集合体として、全体の動きの流れやタイミングを的確にひとつのまとまりとしてとらえなければ、運動形態（動き）をとらえることはできない。右投手の投球であれば、左脚を上げて右脚で立つ動作からボールをリリースして投球動作が完了するまで、全体的なまとまりや関わり合いをとらえようと試みなければ運動の形態をとらえることはできない。

このことは、前述の能動的な運動感覚を身につけていく際の、ひとつの重要な視点になろう。

3）運動を先取りする

ある動きを習得し、慣れてくるに従って、これから行う運動に対する感覚はより

明確にとらえられるようになる。個人に固有の運動感覚によって運動中枢でプログラムされた運動は、ときには実際に動きながら目的に沿ってプログラムが修正される。これらの修正された運動プログラムも、これから起こす運動に先駆けて運動中枢で組まれる。すなわち、これまでの自らの運動体験に基づいて、これから行う運動を先取りすることによって運動プログラムが組まれ、その指令によって実際の運動は行われる。これから行う運動をひとつのまとまりとして的確に先取りしながらプログラムし、指令を出すことによって運動を発現させることが、運動を能動的に起こすための一連の流れとして大切になる。

一連の流れを持つひとまとまりの運動とは、ここまで動いたら次にこう動こうというようなものではない。言い換えると、右投手の投球動作であれば、まず左脚を上げて右脚方向に体重を乗せ、そこまで行ったらホームベース方向へと体重移動を開始する、というようなものではない。左脚を上げてからボールをリリースするまでの一連の運動を、事前にプログラムすることによって全体の動きを先取りし、さらに状況によっては動きながら次の局面へと修正を加えて、常に次にこれからどう動くかを先取りしながら行うものであろう（マイネル 1981）。

3　意図的な動きのトレーニング

1）調整力（コーディネーション能力）向上のためのトレーニング

調整力を向上させるためには、これまで意図的に行っていなかった動きをどのように引き出し、また、いかに新たに身につけた動きに再現性を持たせるかというトレーニングが必要である。第4章においてトレーニングは強度と量で説明されることを述べたが、調整力のトレーニングは強度と量によって効果を求めるのではなく、動きの質的改善によって効果を求めるものである。許容量を超えるようなトレーニングの強度や量を課すことによって、これまで体験したことのない動きが出てくることもトレーニングのなかでは起こりうる。例えば、千本ノックを受けるなかで、肉体的な限界に近づくにつれて自然に余分な動きがそぎ落とされ、これまでにできなかった動きを体現することができたというようなことである。このようなトレーニング方法（練習方法）は、ときとして大きな効果が得られるので、トレーニング管理の問題や環境整備に関わるリスクマネジメントを十分に行った上で実施するこ

とに異論はない。しかし、このようなトレーニングを中心に、これまでにできなかった新しい動きや動きの修正を引き出そうとすることは、目標設定に対して計画的に成果を上げていくという育成プロセスに沿うものではない。このような方法ばかりでは、トレーニング管理を十分に行うことはできないので、選手の育成に筋道を与え、同時に知的能力を向上させていくというトレーニング本来の目的からは離れてしまうこととなる。また、傷害の原因や、選手の積極的な動機づけへの妨げとなることもあろう。

　筋力や持久力のような、生理的適応にともなって向上する体力要素と異なり、調整力はある動きをできるかできないか、あるいは爆発的・集中的に力を発揮するためにより効果的な動きができているか、などの質的変化によってのみ評価されるものである。そのためのトレーニングは、目標とする動きを明確にする（動きの着眼点・留意点を明確にする）ことが不可欠であり、その動きを引き出すことがトレーニング目標となる。

　野球のように爆発的・集中的に大きな力やパワーを発揮することを多く要求されるスポーツでは、力やパワーを発揮する際の筋の力の発揮形態や各関節の集合体として起こる運動連鎖が、どのように働けばより効果的に力やパワーを発揮できるかということに着目して、動きの改善を図っていかなければならない。

2）"What（なにを）？"と"How（どのように）？"

　動きを改善していくためのトレーニングは質的な改善を求めるものであるから、例えばウェイトトレーニングのなかで〝ハーフスクワットを150kgで10回3セット、90秒間の休息で行った″というようなことだけでは成果を上げることは難しい。〝何を″行うか、手段の選択は非常に重要であるが、同時にそれを〝どのように″行うか、動きに目的を持って（着眼点・留意点を持って）ひとつひとつの運動を行わなければ、調整力のトレーニングとしての効果を期待することは難しい。言い換えれば、トレーニング手段が一見単純なスクワット運動であっても、動きに目的を持つことによって調整力のトレーニングになるのである。

　野球において、投打をはじめとした技術トレーニング（技術練習）は、体力トレーニングから見ればより専門的な調整力のトレーニングでもある。また、投打をはじめとする野球の技術に関連を持つ動作のなかで、いかに新しい動きを習得してい

くか、あるいは身につけた動きを改善していくか、これが調整力のトレーニングを進めていくカギである。実践を経験している人であれば、技術と体力を全く別々のものと考えることはしないはずである。技術を身につけ、これをフィールドで技能として発揮できるようになるためのトレーニングにおいては、体力トレーニングと技術トレーニングとが渾然一体となったものでなければならない。技術トレーニングを通して体力強化が並行して進み、体力トレーニングを通して技術向上が並行して進むという相互作用を生み出すトレーニングは、動きの向上を常に意識したトレーニングであると言えよう。

　調整力向上のためのトレーニングは、"What？（なにを）"手段として選択するかを十分に考慮した上で、"How？（どのように）"行うかを明確にして、指導者と選手との共同作業のなかでより良い動きを引き出していくものでなければならない。したがって、ウェイトトレーニングやフィールドでのプライオメトリクス、各種のドリルトレーニングや技術トレーニングなどのどの場面においても、目的・意識の持ち方（着眼点・留意点の持ち方）によって調整力向上のトレーニングを行うことができる。ウェイトトレーニングにおいても、筋力向上という目的と並行して動作を改善することも同時に行っていくことが可能である。生理的適応を高度に高める全てのトレーニングにおいて同時に調整力の向上を求めることは難しい。しかし、両立させることが可能な手段をできるだけ多く選択し、目的とした動きのなかで筋力やパワー（無酸素性パワー）の向上をはじめとした生理的適応水準を高めていくことが、効率的にトレーニング効果を上げていくために重要であると言えよう。

3）調整力トレーニングの負荷を大きくする

　第3章でも述べたように、トレーニングは過負荷（オーバーロード）の原則にしたがって行うことが重要である。調整力のトレーニングにおいては、過負荷は単なる強度や量ではなく、動きの質（良し悪し）で評価さなければならない。このために、動きの質に着目して、いかにして調整力のトレーニングとしての負荷を上げるかを考える必要がある。以下は、筆者の経験に基づく調整力（コーディネーション能力）向上のためのトレーニングにおける負荷の大きさ考える場合の視点である。

① **何よりもまず、動きの質の追求を念頭に置く（動きの精度をより高めようとする）**

動きの時間的な流れのなかで、動きの着眼点・留意点を決める
　　動きの空間的な大きさのなかで、動きの着眼点・留意点を決める
② 動きの速度を通常より遅くしたり、速くしたりして行う
③ 動きの大きさを通常より小さくしたり、大きくしたりして行う
④ 動きをバラしたり、まとめたりして行う（動きの要素を減らしたり、増やしたりして行う）
⑤ 疲労の少ないときに行うことを基本とするが、ときには疲労時に行う

4）スランプを具体的に考える

　スポーツ選手には、体調も良く、筋力やパワーなどの体力要素も充実しているにも関わらず、原因不明のスランプに陥ることがある。野球でのスランプは、技術性の高い投打においてはよく見られるが、捕や走においても時々見られることがある。大事な試合の勝敗に大きく関与するような失敗体験をした後の心理的後遺症からスランプを招くこともあり、"イップス"とよばれるスローイングの問題などを考える場合、スランプの要因はより複雑である場合もある。しかし、多くの場合、動きの側面から見た問題点に具体的な改善を求めることが大切であるが、解決の糸口を見つけられない原因として、以下のことが考えられよう。
　① 動きのどの部分が問題点であるかが明確でない
　② 動きの問題点は明確になっているが、その動きの改善法・修正法が明確でない
　同じように動いているつもりでも、変化し続ける体調や環境のなかでは、同じように技術を発揮し続けることは困難である。投球や打撃においては、例えば筋力を高めた結果、それまでと同じように動いているつもりでも微妙な狂いが生じることがある。これらの問題点を解決するひとつの手段として、普段から野球選手として必要な動きを様々なトレーニングのなかで意図的に着眼点・留意点を持って行い、運動感覚能力を高めておくことが重要である。このような取り組みによって、動きに何らかの誤差が生じてきたときに、素早くそれに気づき修正していくことができるであろう。また、動きの問題点が明確になったときに、どのようにして修正を加えていけば良いかを具体的に考えていくことが可能になるであろう。

4　爆発的にパワーを発揮する運動

　前項までに、野球においては、エネルギー系の体力を十分に機能させるために、動きを制御する調整力（コーディネーション能力）がきわめて重要であることを述べてきた。またすでに述べてきたように、野球は、筋力やパワーを背景に、大きな力やパワーを爆発的に発揮する投打捕走による技術を基礎として行われるスポーツである。したがって、大きな力やパワーを爆発的に発揮できる動きのトレーニングを行うためには、どのような動き（動作）が効果的かを明確にすることがきわめて重要である。

　ここでは、大きな力やパワーを爆発的に発揮する際に起こる伸張-短縮サイクル（Stretch-Shortening Cycle：SSC）運動について述べることとする。この運動は、わが国において古くから反動動作と呼ばれているものと同じである。SSC運動を理解することは、様々な運動において効果的に力やパワーを発揮することを理解するために非常に重要である。

1）伸張-短縮サイクル運動

　我々は、反動動作すなわち伸張-短縮サイクル運動（SSC運動）を用いれば大きな力やパワーを爆発的に発揮できることを経験的に知っている。高く跳んだり物を遠くに投げたりするとき、その直前に跳ぶ方向、投げる方向とは反対方向に身体全体または身体の一部を動かす反動動作を利用する。この動作を筋・腱レベルで観察すると、反対方向に身体を動かしているときには伸びており（伸張している）、実際に跳んだり投げたりしているときには短くなっている（短縮している）。このような主動作に先立って反対方向へ動く動作で大きな力やパワーを爆発的に発揮するとき、筋・腱は一体となって（筋腱複合体として）働いている。

　なお、SSC運動はウォーキングやジョギングのような爆発的でない運動においても起こっている。

弾性エネルギー

　SSC運動では、筋や腱が伸張しているときにおもに筋腱複合体に弾性エネルギーを蓄積することができる（Komi、ほか：1972）。この蓄積された弾性エネルギーは、伸張直後の筋や腱が短縮するときに利用され、大きな収縮エネルギーを生み

力やパワーを発揮する際の原動力になる。周知の通り、引き伸ばされたゴムは、張力によって弾性エネルギーを蓄積し、離すとその弾性エネルギーによって素早く引き戻される。これと同様に、伸張時に筋腱複合体に蓄積された弾性エネルギーを利用して、直後の短縮時における力やパワーを大きく増加させるのである（図子、ほか：1997）。

　重力下における多くの運動においては、筋腱複合体はゴムのように働き、SSC運動の効果を利用している。ただし、上肢のSSC運動（投、打など）と下肢のSSC運動（走、跳など）では、伸張の大きさやスピード、伸張から短縮への切り換えのしかたなど、SSC運動の行い方（ふるまい）が大きく異なる。それは、下肢にはアキレス腱のような大きくて強い弾性体があるのに対して、上肢には小さい筋と腱しかないからである。したがって、投球と打撃、疾走と跳躍などの合理的・効率的な動作を考える際には、このことをよく理解しておくことが重要であろう。また、個人の持つ身体的な特性によっても違いがあることを考慮すべきであろう。

予備緊張

　SSC運動においては、伸張動作（予備動作）→短縮動作（主動作）の順に動作を行う。この流れを見ると、主動作の直前に行われる予備動作では、筋や腱は予備緊張を引き起こし主動作の準備体制を整えていることがわかる。予備動作の行い方は、運動の種類やその課題などによって様々な形で行われる。跳躍を例にして、予備動作をながめることとする。

　　スクワット・ジャンプ：膝を曲げた姿勢から上に跳ぶ。膝を曲げた準備姿勢において、筋や腱は引き伸ばされている。

　　カウンタームーブメント・ジャンプ：立位姿勢からしゃがみ込んだ後に上に跳ぶ（一般に、垂直跳びと呼んでいる）。しゃがみ込んでいるときに、筋や腱は大きく引き伸ばされている。

　　ドロップ・ジャンプ：ある高さから飛び降り、着地姿勢からしゃがみ込んだ後に素早く上に跳ぶ。しゃがみ込んでいるときに、筋や腱は大きく引き伸ばされている。

　筋や腱は、大きく引き伸ばされているとき（伸張時）に、前もって適度に緊張しているとより大きな弾性エネルギーを蓄積することができる（Cavagna、ほか：

1965・1968、Komi、ほか：1972)。例えば、連続ジャンプの際には、空中での落下姿勢から着地にかけて、下肢主要三関節（股関節、膝関節、足関節）の伸筋群が適度に予備緊張をすることにより、跳躍時に発揮できる力やパワーは大きくなる。前項において、運動を先取りし、いかに適切に運動プログラムを組むことが大切であるかについて触れたが、大きな力やパワーを効率よく発揮するためには、筋や腱が次に起こる運動を先取りし、適切に予備緊張をしておくことが大切である。ある高さから飛び降りて（落下して）、できるだけ短い接地時間で高く跳ぶような爆発的なドロップ・ジャンプにおいては、下肢三関節の伸筋群の筋電図を観察すると、接地前にすでに大きく放電をしている（筋が緊張している）ことがわかる（Melvill-jones、ほか：1971a・b)。

このような予備動作（伸張動作）における伸筋群の予備緊張は、続く主動作（短縮動作）において大きな力やパワーを効果的に発揮するために、運動中枢で作られた運動プログラムによる動作の先取りを示すものである。大きな力やパワーの発揮が要求される運動では、多くの場合、筋腱複合体を固いゴムのように使ったり少し柔らかめに使ったりしながら、予備緊張の度合いを調節し、短縮時に発揮する力やパワーの大きさを調節しているのである。

切り換えし動作でSSC運動を実感する

SSC運動を実感するには、ウェイトトレーニング手段のベンチプレスやスクワットを、肩・肘関節や股・膝関節の屈曲から伸展への切り換えしをできるだけすばやく行うように強調してみるとよい。バーベルを下ろしてくる際に、屈曲から伸展に切り換えす局面、すなわち筋や腱が伸張から短縮にスイッチする局面に向かって、降ろす速度を調節しながら徐々に筋の緊張を高め、できるだけすばやく切り換えそうとすれば、バネが利いたようにバーベルを持ち上げることができる。このように切り換えしを強調して行えるようになると、降ろしてから上げるというような降ろす動作と挙上する動作を別々の動作として行う場合よりも、予備緊張が働きSSC運動の効果をより実感できる（P110)。伸張から短縮へと移行する時間（カップリング・タイム）が短いほど、伸張時に筋や腱に蓄えられた弾性エネルギーは短縮時に効率よく利用されるのである（Desmedt、ほか：1977、Dietz、ほか：1978)。

また、SSC運動によって力が発揮される多くの場合において、筋が短縮を始める直前の伸張の最終局面において筋は筋腱複合体全体の短縮よりも先行して短縮を

始めており、この際、腱のみが伸張され、短縮時に弾性エネルギーを利用することがわかっている（Belli、ほか：1992）。なお先述したように（第5章：筋力のトレーニング法）、筋は伸張性収縮（エキセントリック）においてより大きな力を発揮する。切り換えし動作のなかで筋が短縮に向かう直前の強制的な伸張局面を、トレーニングのなかでどのように引き出し、その強弱や素早さを調整するかは、効率的な力の発揮や効果的な動作を習得する上で重要な要素と言える。

スポーツだけでなく、日常生活における多くの運動はSSC運動により遂行されている。なお、1970年代より、SSCにおける筋腱の活動について多くの研究がなされており、効率的な力発揮や、爆発的な力の発揮を起こす際、どのように筋腱が活動しているかが明らかになっている。

野球とSSC

野球においては、投、捕、打、走などのほとんど全ての運動が、その運動に関連する筋や腱のSSC運動で行われている。例えば右打者の打撃動作では、最初に体重を右脚に寄せる動作において、右脚の下肢三関節の伸筋群を中心に伸張し、次いで投手方向への体重移動に伴い伸張された筋群は短縮する。さらに左脚で接地する際には、左脚の下肢三関節の伸筋群は伸張され、その後のスイング動作に併せて短縮している。また、下肢の運動に併せてスイング動作を行っている上半身においても、上肢や体幹部の筋や腱のSSC運動で行われている（P139打撃写真**1**～**9**）。

2）爆発的な力発揮に有効な運動連鎖

爆発的に力やパワーを発揮する運動の多くは、下肢から生み出された力やパワーを原動力として行われている。野球におけるほとんど全ての運動も、脚と地面とのやり取りを通して生み出された下肢の力やパワーを基にして行われている。野球の技術指導のなかでも、〝もっと下半身を使え〟〝下半身で投げろ（打て）〟〝もっと下半身に粘りを出せ〟などの言葉がしばしば聞かれる。爆発的に力を発揮する際に下肢が生み出す力やパワーが重要であることを、実践のなかで誰もが知っているのである。

このことは、爆発的な力やパワーの発揮を考える際には、下肢三関節の基礎的な構造を知っておくことが重要であることを示している。

下肢三関節の構造

下肢三関節とは、股関節、膝関節、足関節の3つの関節のことである。爆発的な力やパワーを発揮する際には、多くの場合、この3関節がひとつのユニットとして機能的に働いている。

① **股関節**
- 非常に安定した臼型構造で、力やパワーを発揮できる方向が多彩である（球または臼状関節）。
- 筋腹が大きく力やパワーの発揮に優れた伸筋群を持つ。
- 身体重心に近く、身体重心との間に他に大きな関節がないため、股関節運動によって直接的に加速度を生み出すことができる。

② **膝関節**
- 大きな力やパワーの発揮方向は伸展屈曲の1方向のみである（蝶番関節）。
- 股関節に比べると、身体重心から遠い。
- 股関節よりは小さいが、筋腹が大きく力やパワーの発揮に優れた伸筋群を持つ。
- 股関節の伸筋群に比べると、スピードの発揮にも優れた腱の長い筋群を持つ。

③ **足関節**
- 足関節はいくつかの関節の集合体として成り立ち、いくつかの回転軸を持つため、底屈（足首を足の裏のほうに曲げる）方向への力やパワーの発揮には一定の自由度がある。ただし、背屈（足首を足の甲のほうに曲げる）方向への力やパワーの発揮には自由度が小さい。
- 底屈筋（伸筋、足首を足の裏のほうに曲げる筋）である下腿三頭筋は、人体で最長の腱であるアキレス腱を持ち、スピードの発揮に優れる。

これらは、各関節が力やパワーを発揮する際にどのように働くかを考えるために知っておくべき基礎的な特徴である。これらの特徴をふまえて、3つの関節がひとつのユニットとして、爆発的な力やパワー発揮においてどのように機能するかを理解しておくことが大切である。

下肢における中心から末梢への運動連鎖と加速運動

身体運動は、いくつかの関節運動が統合して行われる。例えばジャンプやスプリントは、典型的な下肢三関節による出力を原動力とした爆発的な運動である。先述

した下肢三関節の特徴をふまえると、このような運動の際には、股関節から膝関節のように力の発揮に優れた伸筋群を持つ関節の伸展動作から、膝関節から足関節のようにスピードの発揮に優れた伸筋群を持つ関節の伸展動作へと続く運動連鎖が、大きな加速運動を引き起こしている。例えば、垂直方向の跳躍運動においては、最初に重心近くの股関節が大きな伸展力を発揮して重心は上方へと移動し始め、次いで膝関節、足関節の運動へと続き、力発揮に優れた筋群からスピード発揮に優れた筋群へと続く関節運動の連鎖が、大きな加速度を生み出し効率のよい跳躍運動を引き出す。爆発的に力やパワーを発揮する際には、このような中心から末梢へと続く運動連鎖、すなわち中心から末梢へのSSC運動の連鎖が不可欠である。下肢3関節の運動連鎖については第7、8章において実際の運動を用いて示す。

　人体に限らず多くの歩行動物は、二足歩行、四足歩行に関わらず、身体重心近くには筋腹が大きく力の発揮に優れた筋群が集まり、そこから末梢に向かうほど腱の長いスピードの発揮にすぐれた筋群へと移行する。末梢のスピードの発揮に優れた筋群だけで身体重心と身体各部位を大きく加速することはできない。中心から末梢へと関節運動を連鎖させることによって加速を促し、合目的的に効果的に運動が行えるように人体の構造はできていると言えよう。

3）爆発的な力・パワー発揮と傷害予防の両立

　野球における投、打、走のように、爆発的に力やパワーを発揮するような運動においては、身体にかかる負荷が強く傷害に陥る危険性も高い。身体が発揮する力やパワーが大きいほど、身体の局所にかかる負担も大きくなる。爆発的に力やパワーを発揮する能力を向上させながら傷害のリスクも減少させる、というのは相反する課題のようにも思えるが、高いパフォーマンスを長期にわたって発揮し続けるために克服しなければならない重要な課題である。トレーニングを進めていく上で、どのようなことに留意すればよいのであろうか。

傷害予防に必要な要素

　傷害予防に必要なおもな要素は、①生理的条件を十分に整えること、②トレーニングを適切に管理すること、③動きの欠陥を改善することの3つに大別して考えることができる。これらの各要素については、以下のことに留意することが大切であろう。

① **生理的な条件を整える**
- 全面的・専門的な筋力を十分に発達させておくこと。
- 試合やトレーニングを行う上で必要な無酸素性持久力や有酸素性持久力を全身的に局所的に発達させておくこと。
- 野球の様々な技術に必要な身体各部位の関節の柔軟性を高めておくこと。
- 様々な固有受容器トレーニングなどを通して関節機能を十分に整えておくこと。
- ウォームアップやクールダウンによって、1回ごとのトレーニングに対する生理的準備を丁寧に適切に行うこと。

② **トレーニング内容を適切に管理する**
- 1回のトレーニングまたは一定期間のトレーニングにおいて、負荷の強度・量、頻度などが過度にならないようにすること。

③ **動作の欠点を改善する**
- 合理的でない動き（動作）によって、局所（身体の各部位）に対して過剰なストレスを与えないこと。

傷害予防を考える際には、生理的な条件を整えることに偏る傾向が強い。しかし、どんなに生理的な条件が整ったとしても、トレーニングの強度や量が生理的な限界を超えてしまえば傷害を防ぐことはできない。また、生理的な条件を十分に整え、適切な強度や量でトレーニングを行ったとしても、動き（動作）に欠点があり、局所に過剰なストレスをかけると傷害が起きる。野球の傷害として典型的なものは、ピッチング・スローイングによる過剰なストレスからくる肩や肘の傷害である。筋力不足や機能不全、投球過多からこのような傷害が起こる場合も少なくないが、投球動作の欠点から傷害が起こることもまた少なくない。

したがって、傷害を防ぐためには、生理的な条件がどの程度まで整っているかを評価した上で、トレーニングの強度・量、頻度などを設定しなければならない。また、動作の欠点を評価し、動作の欠点を改善していくとともに、現在の動きで耐えうる強度・量、頻度などを設定することが大切である。不幸にして傷害が起こった場合には、何よりもまず傷害の原因がどこにあるのかを明確にして再発の防止に努めることである。

7 爆発的にパワーを発揮する運動における動作のポイント

前章では、野球における調整力（コーディネーション能力）の意義について、また、爆発的な力の発揮における、下肢の運動連鎖やそれに伴う筋腱の張力の発揮のしかたについて考えてきた。本章では、運動を効率良く行うための基本的な姿勢から、爆発的に力を発揮する基本的な動作と言える跳躍運動、野球における投打の動きについて考えていくこととする。

1　運動を行う際の基本的な姿勢

ここでは、運動の種類に関わらず効率的に力を発揮し、動作をコントロールするために大切な基本的な姿勢について考えていきたい。

1）身体重心を前に出す

静止姿勢から力を発揮するためには、やや前傾姿勢で、少し前に身体重心を出すことが重要である（写真）。"やや前傾"、"少し前"としか説明ができないのは、屈曲角度や目的とする運動によってその度合いはその都度異なるからである。

例えば100m走のスタートでは、合図と同時に前方にできるだけ速く加速していくために、倒れないように腕で支えて身体重心をかなり前に出

1. 身体重心を少し前に出すことで足指まで使って地面をとらえることができ、足関節の機能をより発揮することができる
2. 真っ直ぐに立つと足指で地面をとらえることができず、足関節の機能を十分に引き出すことはできない

どのような運動でも、重心を少し前に出す意識で行うことが大切

し、スタートの合図で留め金として働く腕の支えを外すと同時に、下肢三関節（股関節・膝関節・足関節）によって爆発的に力を発揮しながら前方へと加速していく。しかし、この場面では力を発揮する方向は前方と決まっており、前方へと崩れてしまわないように腕で支えながらスタートを待つが、このような場面は野球を含む他の競技においてはほとんど見られない。

　野球の内野守備が典型的であるように、どの方向に踏み出すか決まっていない運動では、一歩目を踏み出す前の姿勢はやや前傾の姿勢をとることが肝要である。力の発揮方向がいずれにあったとしても、身体重心を適度に前に出した姿勢で、前に行きすぎないように軽く足指で地面をつかんでおいて、打球の方向に合わせて力を発揮する。内野守備においては、多くの選手が打者のインパクトのタイミングに合わせて軽くステップし、重心を前に出した姿勢をとって打球に対して反応する準備をしている。内野守備などのように俊敏な動きが要求される動きは視覚的にわかりやすい例であるが、身のこなしが良いと言われる選手は、あらゆる場面でやや前方に身体重心を出した姿勢で動いていることが多い。

　前方に限らずどの方向に動き始める場合でも、同じように身体重心を前に出しておかなければ、股関節から膝関節を介して、最終的に足関節へと爆発的に運動を加速させるという伸展の連鎖を起こすことはできない。身体重心をやや前に出しておかなければ爪先立ちをすることが不可能であることからもわかるように、どんなに足首で地面を押そうとしても地面を押すことはできないからである。強力なバネとして働く人体最長の腱であるアキレス腱を持つ足首の伸展機能を十分に引き出し、下肢三関節の伸展の連鎖により爆発的に力を発揮するためには、身体重心を少し前に出して、"やや前傾"の姿勢で運動を遂行することを習慣づけることが重要であろう（P100図12）。

　一方、投手や打者の体重移動などのように、爆発的な力発揮や劇的な加速を要求されないゆっくりとした運動の局面では、おもに股関節と膝関節がゆるやかに力を発揮することで運動は遂行されている。しかし、そのような場面においても、下肢三関節が協力して効率的に力を発揮するためだけではなく、動作をコントロールする上で、細かな舵取りやサスペンションとして足底や足指を含む足関節周辺の機能を効果的に使うことが重要である。後方に身体重心があると、足指で地面を押したりつかんだりすることができなくなるために、足底や足指を含む足関節周辺の機能

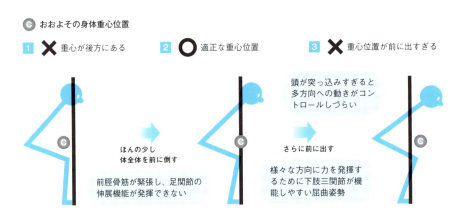

図12　止まった姿勢から力を発揮する場合の適切な屈曲姿勢と身体重心位置
（やや前傾の姿勢）

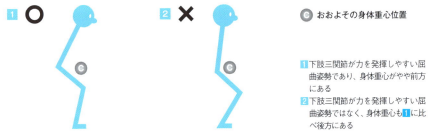

図13　適切な屈曲姿勢と身体重心位置

を十分に発揮することができない。爆発的に力を発揮する目的だけでなく、動作をコントロールするためにも重心がやや前にある姿勢が運動を行う上で重要であろう。

　少し重心を前に出す姿勢を確認するためには、屈曲して深い姿勢をとった時に、前脛骨筋が過度に緊張していないかどうかで認識することができる。前脛骨筋は足関節の屈曲（背屈＝爪先をあげる）筋である。下肢三関節によって地面を押しに行く場合には、足首を伸展（底屈＝爪先をさげる）させるのはおもに下腿三頭筋であり、前脛骨筋の緊張は足関節伸展の妨げとなる。全身運動で大きな力を発揮する場合には、足関節は地面を押さなければ地面に対して力を加えることはできない。爆

発的に力を発揮する局面だけでなく、立位で重心の移動をともなう多くの運動において、下肢三関節を機能させるためには〝やや前傾〟の姿勢で、接地している足が地面にかむように動くことを習慣化させることが有効であろう（P100図13）。

ウェイトトレーニングのスクワットや、上方向、横方向への連続の跳躍動作などにおいてもこれらは同様である。〝やや前傾〟姿勢の目的は前方へと力を発揮することではなく、下肢三関節の機能を十分に引き出すことである。どの方向へ力を発揮するかは、どの方向に地面を押すかによって決定される。一方で、前傾姿勢を意識しすぎるあまり、重心を前方に出しすぎることも避けなければならない。とくに高重量を支えるウェイトトレーニングにおいては、過度の前傾姿勢は腰などの傷害につながる恐れもあることに十分留意しなければならない。スクワットのように、身体の後方（背中）に高重量を担いで行う運動では、わずかに重心を前方に出すだけで十分である。

2）骨盤から脊柱の適切なポジション

次に留意しなければならないのは、良い姿勢を意識しすぎたり、大きな力を発揮しようと過度に緊張したりすることによって、背中が緊張しすぎて脊柱全体の前彎が強調され、腹部が前に抜けたような姿勢である（P102写真）。緊張により背筋群が過度に短縮された状態では、背筋群におけるSSC（P91）運動の効果を効率的に引き出すことはできず、下肢の〝バネ〟との連鎖を効果的に引き出すことができない。下肢の〝バネ〟を効果的に引き出し、さらに全身を大きな〝バネ〟として機能させるためには、腹部に適度な緊張を保ち、背筋群が下肢三関節とともにSSCの連鎖に参加するように動くことが大切である。

走・跳・投・打・蹴などの様々な全身運動による爆発的な力発揮において、下肢と上肢の動きを調和させるためには、脊柱を支える筋群（浅層・深層の背筋群・腹筋群）の適度な緊張による適切な彎曲が重要となる。適切な身体ポジションを良く理解した上で体幹部のトレーニングによる筋力強化を進めることを意識しなければならない。下肢三関節で力を発揮するスクワットや各種の跳躍運動などのように、多くの全身的な力発揮をともなう運動においては、大きな力を発揮しようとするほど背中が反ってお腹が前に抜けてしまうような動き方になることが多い。

野球においても、適切な脊柱の彎曲で腹部に少し余裕を感じさせるように動いて

左
腹部に適度な緊張が保たれ、力の発揮に効果的な身体態勢をとることが大切である

右
脊柱が過度の緊張のために前彎すると、力を発揮する際の妨げになる

いる選手に対して、"ふところに余裕がある"などという表現がしばしば用いられる。"ふところの余裕"は、適切な脊柱の彎曲による全身の"バネ"を機能させやすい姿勢と深く関係しているのではないだろうか。

必要ない付随動作

下肢三関節の屈曲伸展にともなって、必要ない動作を行うことが習慣化されていることがしばしば見られる。典型例のひとつは、下肢三関節の屈曲伸展にともなう頸椎反射による頸部の後屈と前屈である。とくに股関節の屈曲に対して首を後屈させ、伸展に対して前屈が起こることがしばしば見られる。下肢三関節の屈曲から伸展による力発揮に対して、頸部の後屈と前屈をともなうことは、骨盤の傾斜と同様に脊柱の彎曲姿勢にも影響する。

また、地面を踏み込んで下肢が屈曲から伸展する際に、より強く力を発揮しようとすると、必要以上に肩をすくめるような動作も典型例のひとつである。肩甲骨を挙上して肩をすくめるような動きは、下肢がより大きな力を発揮して、地面をより強く押すことを補助する動作とはならない。運動技術を獲得することは、効果的な力発揮を抑制しかねない反射的な動き（姿勢反射）を抑えながら、より合理的な動作を引き出すことでもある。

このような必要ない動作は、全体的な動きの再現性を妨げ、ときには力の発揮を妨げる可能性がある。"身のこなしが良い""うまく力が抜けている"と言われるような選手は、このような必要ない動作が少なく、各関節で発揮する力を、目的とする動きでより集中的に発揮することができていると考えられる。力を抜くと言っても、本当にダラッと力を抜いてしまうこととは全く異なる。それぞれの運動において余分な動作をそぎ落とし、運動のなかで目的に応じて集中的に力を発揮させるための"力の入れ具合"や"力の抜き具合"が上手になると、効果的に合目的的に力が発揮され身のこなしが良く見えるのではないだろうか。

運動における共通した動きのおもな留意点は下記のとおりである。
① 重心をやや前に保つ。
② 過度な脊柱の彎曲を避け、適度に体幹部の緊張を保ち腹部が前方に反らないように注意する。これにともない骨盤が過度に前傾しないように留意する。
③ 下肢三関節の屈曲・伸展にともなう頸部の過度の後屈前屈や肩をすくめるような動きが出ないようにする。
④ ②や③に代表されるような、力発揮にともなう余計な動作を見極める。

2　跳躍動作

　ここでは爆発的な力の発揮をともなういくつかの跳躍運動において、実際にどのような動作が効果的であり、傷害予防の観点からも合理的と言えるかを考えていく。

　跳躍運動は、野球における投打のようなスイング型の運動ではなく、ピストン型の運動である。野球における投打の運動と跳躍運動は、どれも爆発的な力の発揮をともなう運動であるが、大きく異なる運動でもある。しかし、野球指導の実践において、"もっと下半身を使え"や、"下半身で投げろ、下半身で打て"、という言葉は誰もが耳にすることがあるだろう。そこで、最初に下肢の典型的な爆発的な運動である跳躍運動を用いて、下半身の爆発的な運動とはどのようなものかを考え、次いで下肢から上肢へ全身運動によって爆発的に力を発揮する、野球技術の投打における動きについて考えていきたい。

　跳躍運動の効果的な動作を理解することは、野球における投打のように爆発的な力発揮をともなう全身的な運動における共通のポイントを押さえる上で重要である。野球における投打の技術を考える前に、跳躍運動において、垂直方向に両脚で跳ぶ場合、両脚で横方向へ跳ぶ場合、片脚で跳ぶ場合についてどのような観点から動作を観察すべきかをとりあげることとする。

１）垂直方向に跳ぶ

　野球における投球や打撃を含む全身運動で爆発的に力を発揮するためには、下半身をいかに使うかを理解しておくことが非常に重要である。長らく学校体育の体力テストにおいて垂直跳びが採用されていることからも、垂直方向への跳躍動作は、下肢による爆発的に力を発揮する運動として、最もなじみ深く単純な運動のひとつであると言えよう。ここでは、垂直方向の連続跳躍における効果的な下肢の動きについて考えていく。

ⅰ）屈曲姿勢

　垂直方向の跳躍運動における原動力は下肢三関節による伸展力である。最大屈曲時（P105写真）に適切な身体ポジションをとることが、その後の伸展動作によって発揮される力の大きさを決定する大きな要因となるために、適切な屈曲姿勢を明

7 爆発的にパワーを発揮する運動における動作のポイント

確にすることが重要である。下肢三関節の伸展によって地面を押すと、地面反力を得て跳躍することができる（作用反作用の法則）。適切な屈曲姿勢を判断する手がかりは、伸展時に垂直方向に三関節が発揮する力の大きさの総和をできるだけ大きくすることであろう。

下肢三関節の適切な屈曲姿勢を判断する際の留意点

① 伸展時に下肢三関節が垂直方向に発揮できる力の総和をできるだけ大きくすること（P106図14左）。このためには、膝関節の屈曲に偏った屈曲姿勢にならないこと（図14中央）。膝関節を屈曲しすぎて股関節の屈曲が浅くなると、股関節の伸展機能を引き出すことができないからである。また、膝関節に過度のストレスがかかるために、成長期のオズグッド病や膝蓋靭帯炎などの膝関節周辺の傷害の原因にもなりうるからである。

このような動作になる原因として以下のことが考えられる。

——大きな力の発揮には、膝関節の運動を中心に跳躍をすることが動きとして簡単である。

——膝関節中心の跳躍動作は主観としての努力度が高く〝がんばっている感じ〟を得られる。〝うまくいってる感じ〟よりも〝がんばっている感じ〟

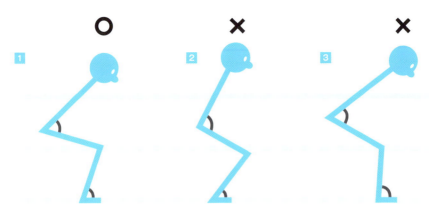

図14　横から見た屈曲時の身体ポジション

が高い動きを選択してしまう。

② 一方で、股関節の屈曲に偏った屈曲姿勢も避けること（図14右）。股関節を屈曲しすぎて膝関節の屈曲が浅くなると、膝関節の伸展機能を引き出す妨げになるからである。また、腰部周辺の傷害の原因にもなりうるからである。このような動きになってしまう原因として以下のことが考えられる。

——膝関節の屈曲に偏った屈曲姿勢を改善しようと試みて、股関節の屈曲を強調しすぎている。

③ 垂直方向への地面反力をできるだけ大きくするために、下肢三関節が発揮する力の方向を一致させること（P107図15）。屈曲姿勢での膝関節の内・外反は、下肢三関節によって発揮された力を分散するだけでなく、膝関節の内部や内・外側側副靱帯へのストレスが増大し傷害の原因にもなるからである。また、膝関節の内・外反は、同時に足関節の外・内反をともなうために、足関節の傷害の原因にもなりうるからである。

7 爆発的にパワーを発揮する運動における動作のポイント

両脚支持の屈曲姿勢においても、膝関節の伸展屈曲方向を正面から見ると、下肢三関節が一直線上に並び、発揮する力の方向が一致する

膝関節が内側に向かって屈曲している

膝関節が外側に向かって屈曲している

図15　正面から見た屈曲時の身体ポジション

屈曲姿勢における膝関節の動き

　膝関節の伸展力に偏らず、股関節の伸展力を十分に引き出すための屈曲姿勢を習慣化する必要性については、昨今ウェイトトレーニングにおけるスクワットなどの指導においても頻繁にとりあげられ、実践においてもその重要性が認識されている。股関節の伸展力を引き出すために、屈曲姿勢において"膝の先端が爪先よりも前に出ないように"という指導を耳にすることがあるが、これはひとつの目安にすぎない。脚の長い選手が垂直方向の跳躍運動やスクワットなどを行う際に深く屈曲すれば、膝関節はより前方に移動し、脚の短い選手が浅く屈曲しても膝関節は大きく前方には移動しない。膝関節の最大屈曲時での前方移動は、それぞれの選手の形態的特徴や跳躍運動における沈み込み動作の深さによっても異なるため、全ての屈曲動作において共通の適切な位置というのは存在しない。

　また、"膝をしぼる"イメージで、膝を外反させながら屈曲姿勢をとる動作が習慣化されている選手も少なくない。伸展時により効果的に強く地面を押すためには、下肢三関節が発揮する力の方向を一致させられるような動きを習慣化させることが重要である。

ii）屈曲から伸展への切り換えし

　伸展において大きな力を発揮するためには、屈曲から伸展への切り換えしに留意する必要がある。力強く、すばやく屈曲から伸展へと切り換え、下肢三関節のなかでも大きな力の発揮に有利な股関節から、膝関節を介してスピードの発揮に優れる足関節へと続く伸展の連鎖を引き起こすことが有効である。

　切り換えしにおける屈曲の最終局面から伸展の最初の局面では、膝関節から下の

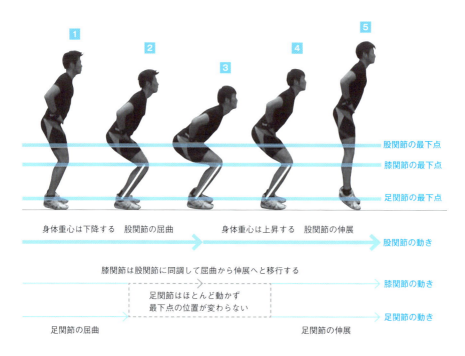

1 股関節は、身体重心の下降にともない屈曲し続け、上昇にともない伸展し続ける（写真**1**～**5**）
2 足関節は、身体重心が一定の位置まで下降すると止まり（写真**2**）、一定の位置まで上昇すると伸展を開始する（写真**5**）
3 2つの関節の動きをつなぐ膝関節は、足関節が動かずに下腿部の位置がほとんど変わらない切り換えしの局面においても、股関節の屈曲伸展に同調して動いている（写真**2**～**4**）
4 下肢三関節が中心から末梢へと伸展の連鎖を起こすために、足関節、膝関節、股関節の順に最下点に達し、次いで中心（股関節）から末梢（膝関節を介して足関節）へと続く伸展の連鎖が起こることで、身体重心に大きな加速度を与えている（写真**1**～**5**）

図16　股関節の動きを起点にした下肢三関節の屈曲から伸展への切り換えしの流れ

下腿部はほとんど動くことなく、股関節の屈曲から伸展を起点にして、膝関節が同調して動き、足関節の伸展が起こっていることがわかる（P108図16）。下肢三関節が中心から末梢へと伸展の連鎖を起こすために、足関節、膝関節、股関節の順に最下点に達し、次いで中心（股関節）から末梢（膝関節を介して足関節）へと続く伸展の連鎖が起こることで、身体重心に大きな加速度を与えている。

屈曲から伸展への切り換えし局面の動きに関する留意点
① 股関節の屈曲と伸展が起点となるように動くこと。
② ①のために、屈曲の最終局面から伸展へと移行する切り換えしの局面で、膝関節から下の下腿部が大きく動かないこと（図17）。
③ 踏切に向かって効果的な加速運動を起こすために、中心（股関節）から末梢（膝関節から足関節）へと伸展が連鎖し、股関節の屈曲・伸展動作に調和して膝関節と足関節の屈曲・伸展が起こること。

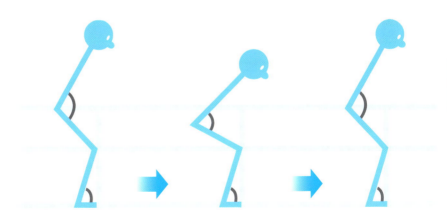

膝から下の下腿部は動かないため、足関節の屈曲角度は変化しないまま、股関節は屈曲から伸展へと移行する。膝関節は股関節の屈曲伸展に同調して屈曲から伸展へと移行し、続いて踏切で足関節の伸展が起こることにより、中心から末梢へと伸展の連鎖が起こる

図17　スクワット、ジャンプなどの切り換えしの局面：股関節の屈曲・伸展を起点とした切り換えし動作

様々な運動における下肢三関節による力発揮

爆発的に力を発揮する多くの全身的な運動においては、片脚支持、両脚支持に関わらず、下肢三関節の動きには共通点がある。各種の跳躍運動や野球の投打の動き、サッカーやラグビーのキックなど、実に様々な運動で、上述の留意点を押さえることが効果的に力を発揮するためには重要である。

野球の投打においてどのように力が発揮されているかについては後述する（投：P119〜P138、打：P138〜159）。

iii）運動のリズム・タイミング

跳躍運動では強制的な伸張性（エキセントリック）収縮から、短縮性（コンセントリック）収縮によって、屈曲動作から伸展動作へと移行していくことはすでに述べた。この際、屈曲から伸展への切り換えは、できるだけすばやく行うことが

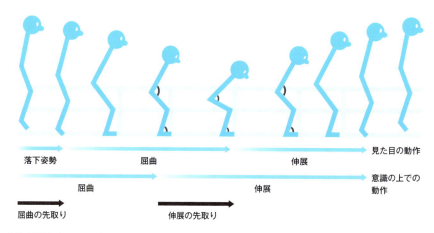

接地時間を短くして、すばやい跳躍動作になるほど意識の上での屈曲は短くなり、伸展の先取りが早くなる

図18　跳躍における動作の先取り

7 爆発的にパワーを発揮する運動における動作のポイント

SSC運動（P91）による弾性エネルギーを利用する上でも有効である。短縮の前には、短縮しようとしている筋腱が強制的に伸張されることによってSSCの効果はより大きくなる。これを実際の運動のなかで実践するためには、各関節運動を適切なタイミングで繋ぎ合わせる運動のリズムをつかむことが重要である。

連続の垂直跳びであれば、跳躍後の空中姿勢において、続いて起こる接地から跳躍のタイミングを予測しながら落下し、接地に先がけて下肢の伸筋群を適度に緊張させる。時間的・空間的（時空的）な予測のもと、力の強さをどのようなタイミングで、また、どのような身体ポジションで、どれくらいの強さで発揮するかを調整することである（P110・111図18）。着地して沈み込んでから伸展しようとするのでは、続いて起こる伸展動作を効果的に行うには間に合わない。沈み込む動作が完結する前に伸展する意識で、ひとつ先の動きを先取りしつつ動くことが爆発的に力を発揮するためには重要である。様々な運動場面で、力の方向が変わる切り換えし局面の動きをどのようにコントロールするかが、爆発的な力の発揮を効果的に行うために大切であることを強調したい。

跳躍運動に限らず、全身的に大きな力を発揮する多くの運動は下肢三関節の屈曲

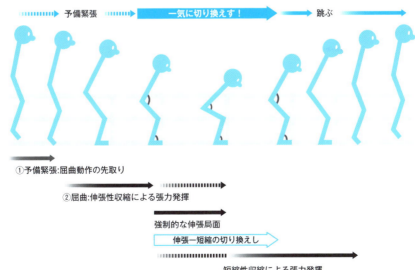

①予備緊張:屈曲動作の先取り
②屈曲:伸張性収縮による張力発揮
強制的な伸張局面
伸張ー短縮の切り換えし
短縮性収縮による張力発揮

から伸展への連鎖をともなう。爆発的に力を発揮することを目的とした全身運動においては、下肢を屈曲してから伸展するという意識で運動を行うのではなく、屈曲の最終局面ではすでに伸展を始める意識で運動を起こさなければならない。屈曲から伸展への運動プログラムをひとつのまとまりとして作り、沈み込みながら伸展しにいくような意識で、屈曲から伸展への切り換えしを強調して行えるような動きを身につけることが、SSCの効果を引き出し、爆発的または効果的に力を発揮するためには重要である。

　これは連続的な跳躍運動に限ったことではない。野球においては、"打つ"や"投げる"に代表される様々な運動のなかで、体重移動から踏み込み、踏み込みから上肢の動きまでを適切なタイミングで先取りしながら、全身的なひとつのまとまりのある運動として機能させている。効果的な動きを身につけるためには、習慣化された運動全体がどのようなリズム・タイミングで行われているかを十分に検証し、修正改善する必要がある。運動はいつでも時空的な予測のもとで次に起こす動きを先読みしながら、実際にその動きが出てくる前の段階で先取りしながら行われているのである。

運動のリズム・タイミングをつかむ

猪飼（1972）は、運動の調整能（神経系の体力）を決定する要素を、①時間的調整能、②空間的調整能、③力の調整能の3つによって説明している。

連続の垂直跳びを行う際、落下時に適切な身体ポジションで、着地に備えて適度に筋を緊張させておくことは、運動を先取りしているからこそ起こる典型的な現象と言える。地面についてからできるだけすばやく強く跳ぼうとすると、着地の前から筋が予備的に緊張するのである。跳躍運動が始まる前に運動を先取りし、時間的・空間的な予測から予備緊張を起こすことにより、着地から伸展への一連の運動が効果的に行われることが可能となる。これらが適切なリズム・タイミングで行われると、下肢三関節が大きなバネとして働き、効果的な跳躍運動を行うことができる。

適切な屈曲姿勢は、それぞれの関節角度が何度と決まったようなものではなく、接地時間の違いや、個人の形態や筋力などの身体条件によっても違うものである。また、接地前の予備緊張についても、時間を計測して具体的に0.0X秒タイミングがズレているかを把握してどうなるものでもない。"もう少し早く"とか、"もっと遅く"とか、実際に行っている動きと本人の動感とを照らし合わせながら適切なタイミングを探し、運動全体のリズムを獲得することが大切である。定量的に測定できる時間や距離、角度を参考にしつつ、"この場合はこう"というように、自らの固有の運動感覚により、その都度最適な動きを選択しながら運動を行う能力を身につけることが大切ではなかろうか。

連続的な跳躍運動をリズム・タイミングよく行うための留意点
① 空中姿勢から屈曲姿勢を先取りする意識で着地に向かうこと。
② 屈曲が完結する前に、適切なタイミングで伸展を先取りする意識で屈曲から伸展へと切り換えすこと。
③ 運動の流れのなかで、下肢三関節が発揮する力の大きさを適切に調整すること。

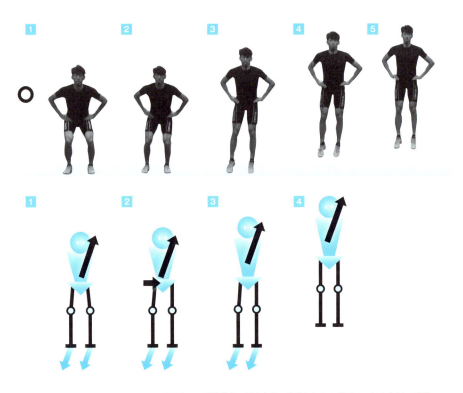

最下点での屈曲動作は垂直方向の跳躍とほとんど同じである（写真・図 1）
屈曲から伸展に向かって身体重心を適度に跳躍方向にズラす（写真・図 1 2）
下肢三関節が発揮する力の方向が一致している（写真・図 3）

図19　横方向への跳躍

2）横方向に跳ぶ

　前項では、垂直方向の跳躍における動きのポイントについて記述したが、垂直方向以外の方向に跳ぶときには、跳ぶ方向を意識しすぎることから動作をコントロールできていないことがしばしば見られる（P114・115図19）。垂直方向において説明した屈曲姿勢、伸展から屈曲への切り換えし局面の動作、運動全体のリズム・タイミングは、跳躍方向に関わらず同じように留意しなければならない。これらの留意点を前提に、跳ぶ方向が変わった場合の動きについて横方向への跳躍運動を通し

7 爆発的にパワーを発揮する運動における動作のポイント

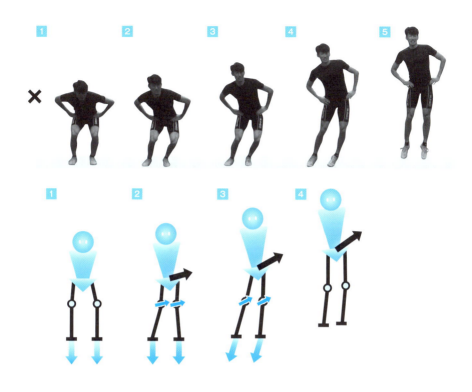

膝関節が内外反を起こしている（写真・図 1 2）
跳ぶ方向に上体を振るように動くと、下肢三関節が力を発揮する方向が一致せず、下肢がバネのように機能しなくなる（写真・図 2 ～ 4）

て考えていきたい。

方向を変えて跳ぶ際の留意点

垂直方向の跳躍運動における留意点を押さえた上で以下のことに留意する。

① 跳ぶ方向が変わっても、下肢三関節が発揮する力の方向を一致させることは同じである。

② 地面を押す方向に反発して起こる地面反力の方向を調整することによって、跳躍方向をコントロールする。

③ 運動中、上体は正面から見て常に垂直方向（矢状面上）に動いている。

様々な方向への跳躍動作

　横方向だけでなく、様々な方向への跳躍動作はどの方向に地面を押し、どの方向に地面反力が働くかによって決定される。三関節が発揮する力の方向が一致していないことは、特定の関節またはそれぞれの関節の内外側への負担を強いることにもなりうる。膝関節や足関節が内・外反するような動きは、発揮する力が大きくなるほど関節に対する負担を増大し、傷害のリスクを高める。このような動きは、筋力が強くなるほど各関節への負担を増大し、傷害のリスクが高まるような結果を招きかねない。関節の構造のために合理的でない動作が身体の局所に大きな負荷をかけ、厳しいトレーニングの末に向上した筋力が仇となるようなことは、運動の様々な場面で起こっている。

　助走がない跳躍運動で身体が移動する方向は、どの方向に地面を押し、どの方向に地面反力を得るかによって決まる。また、立位で行うほとんど全ての全身運動はこの地面反力を利用して行われている。動かない地面への踏み込み方によって方向変換やスプリントからの減速なども行われるのである。垂直方向のジャンプでは、地面を真下に強く押すことによって、逆方向である垂直方向の推進力を獲得できる（P104）。また、地面を右下方向に押すと、そのとき発生する地面反力によって身体は左上方向に跳躍することができる（P114写真）。

　跳躍運動だけでなく、野球における投打の体重移動や踏み込み動作においても、足が地面をとらえている間は下肢三関節が発揮する力の方向を一致させることが、大きな地面反力を得るために大切である。力を発揮する方向に関わらず、股関節から膝関節を介して足関節へとリレーされる屈曲から伸展の連鎖が、一貫して爆発的な力を発揮する運動を可能にしている。

3）片脚で跳ぶ

　ここまで、両脚での跳躍運動を通して爆発的に力を発揮するために押さえるべきポイントを考えてきたが、陸上競技の全ての跳躍種目をはじめとして、片脚での跳躍運動は様々な競技において多く見られる。また、野球における投球、送球、打撃、スプリントからの方向変換などの爆発的な力発揮をともなう運動や、投打の体重移動などの運動は片脚支持で行われる。ここでは、片脚支持で力を発揮するために押さえるべき動作のポイントを、片脚での横方向への跳躍を通して考えることとする。

7 爆発的にパワーを発揮する運動における動作のポイント

　横方向への片脚での跳躍運動では、身体重心を右脚方向に寄せながら右脚で地面を右方向に押し続けると、地面反力によって反対方向への重心移動が始まる（写真1〜4）。

　また、片脚での跳躍においても、支持側の下肢三関節が発揮する力の方向を一致させることによって効果的な跳躍運動が可能となる（図20）。このとき、先述の両脚での跳躍と同様に、跳躍方向に発揮する下肢三関節の力の総和をできるだけ大き

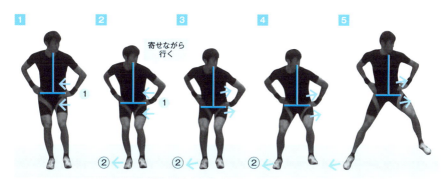

1 2　重心を踏切足に寄せながら屈曲姿勢をとる
2　　右脚支持で止まって見えるが、左脚はすでに地面を押して写真右側方向への体重移動のための予備動作に入っており（2）、寄せて来た力（1）と拮抗している
3〜5　地面を跳躍方向と反対方向に押す（2）
1〜5　下肢三関節は、地面に対して一貫して同一方向に力を発揮している。また、頭部が臍の上に乗ったまま、骨盤は水平方向の角度を保ち、上体（脊柱）の角度は変わらずに鉛直方向にある

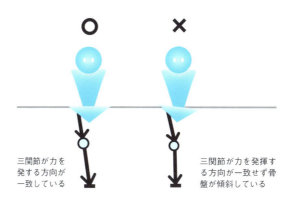

○　三関節が力を発する方向が一致している
×　三関節が力を発揮する方向が一致せず骨盤が傾斜している

図20　片足支持での屈曲姿勢

1 下肢三関節の適切な屈曲姿勢
2 膝関節屈曲を起点とした屈曲姿勢

くできるように、下肢三関節が適切な屈曲姿勢をとらなければならない（写真1）。

両脚支持と比較してとくに留意しなければならないことは、片脚支持の運動では、身体重心を支持脚に寄せなければ下肢がバネとして効果的に機能しないことである。重心を支持側に適切に寄せることができなければ、支持脚の下肢三関節からなるバネの上に重心が乗ることはなく、下肢はバネとして機能しない。バネは重さがかかって初めてバネとして機能するのである。

横方向に跳ぶ際、跳躍方向への意識が強すぎることなどが原因となり、思うように動作をコントロールできていない場合が少なくない（P119写真）このような跳躍動作では、下肢三関節が効果的に機能していないために、力強く地面を押すことはできない。また、片脚支持での運動は、両脚支持の運動に比べて各関節にかかるストレスはより大きなものとなる。両脚支持の運動では、それぞれの脚の動きが反対脚の動きの補助になったり、制限になったりするために回避できるような傷害も、片脚支持の運動においては、力を発揮する方向の自由度が高く支持脚の動きを制限するものがないために、これらの動作の欠陥が直接的に傷害の原因となりやすいことも知っておかなければならない。

片脚で跳ぶ際の留意点

両脚での跳躍運動での留意点を押さえた上で以下のことに留意する。
① 身体重心を支持脚側に寄せる。
② 下肢三関節が発揮する力の方向を一致させる。

7 爆発的にパワーを発揮する運動における動作のポイント

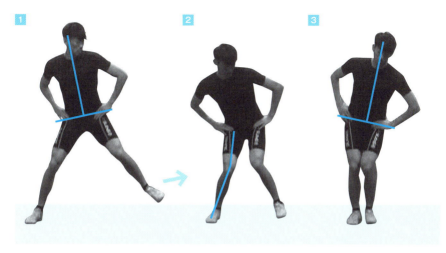

1 非支持脚の振り出しが大きく、身体重心が先行しすぎている
2 支持脚の膝関節が内側に屈曲しすぎている
3 上体を先行させすぎている

③ 骨盤や頭部が跳躍方向に対して先行しすぎず、上体は矢状面上垂直に近い姿勢を保って動く。

爆発的に力を発揮する際の動きのおおまかなポイントを、比較的単純な助走のない跳躍運動を通して考えてきた。下肢三関節の動きは、様々な全身的運動においても共通点が見られることに留意して、次に投打の動きを考えていくこととする。

3 投球動作

投球と跳躍とは大きく異なる運動形態でありながら、爆発的に力を発揮する運動には押さえるべき共通のポイントがある。跳躍動作において説明した動きをふまえ、投球動作において、どのような動きが爆発的に力を発揮するために有効かつ安全性が高いかについて、個の身体的、体力的、または技術的特徴に関わらず留意すべきポイントをあげながら考えていくこととする。

野球における投球動作（P120写真）は、体重移動から踏み込み動作（a〜c）、下肢の動きに合わせて起こる骨盤および胴体の回転動作（d）と上肢のスイング動作（e）、すなわち中心から末梢へと劇的に加速させていくことによって力を爆発

a）両脚支持から片脚支持へ

b）体重移動

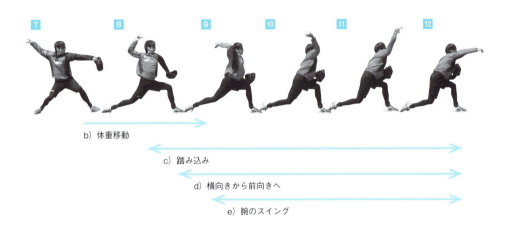

b）体重移動

c）踏み込み

d）横向きから前向きへ

e）腕のスイング

的に発揮する運動である。運動は局面ごとに分断しているものではなく、始めから終わりまで、常に前の局面が次の局面への布石となっている。したがって、それぞれの局面を断片的にとらえるのではなく、投球動作全体のひとつのまとまりのなかで、ポイントとなる各局面の動きをとらえるように心がけるべきであろう。

なお、投球動作、打撃動作の説明において、本書では図21（P121）のように全身を大きく4つに分けて説明することとする。

1）両脚支持から片脚支持へ

右投手であれば、両脚支持から右脚で立ち、ホームベース方向へと体重移動を始める。右脚一本で立ちにいく動作は、続いて行う体重移動の準備として適切な動作

でなければならない。前述した横方向への片脚跳躍と同様に（P116）、ホームベース方向への体重移動は、セカンドベース方向へ地面を押すことにより、ホームベース方向へ生じる地面反力を利用して行われる（P123写真）。そのためには、両脚から右脚に体重を"寄せる"動きと、右脚で地面をセカンドベース方向に押してホームベ

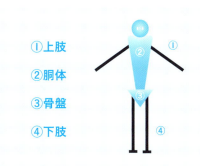

図21　本書の説明で用いる身体の部位

① 上肢
② 胴体
③ 骨盤
④ 下肢

ース方向へ"行く"動きがぶつかり、"寄せながら行く"あるいは"行きながら寄せる"ような意識で動くことが水平方向への体重移動の準備として適切であろう。片脚で立つときに、右脚一本でピタッと静止しようとする選手が少なくない。"寄せながら行く"ときに、寄せる動きが行く力によって打ち消される状態では止まって見えるが、この止まった状態を断片的にとらえて、右脚一本で"一旦止まりに行く"動きは、続いて起こる体重移動へ流動的に移行するためには避けるべきであろう（P122写真）。

POINT 1　止まりに行かずに"寄せながら行く"

2）体重移動と下半身の粘り!?

投球動作を評価する際に、"下半身に粘りがある"とか、"どうも下半身に粘りがない"などという言葉をしばしば耳にする。確かに選手によって地面をしっかりととらえて粘りがあるように見える選手とそうではない選手がいる。そこで、体重移動の際に下半身に粘りがあると言われるのはどのような動作かを考えてみたい。

前述した片脚支持のポジションから、下肢三関節を屈曲させ沈み込みながら体重移動を開始する（P123写真）。このとき、身体重心は大きく投球方向に移動し始め

"寄せながら行く"動きの流れ
1 の地面反力により❶の方向に身体が動く（寄せる）
❶の力と 2 の地面反力による❷の力がぶつかり合う（止まって見える）
❷の力が❶の力を上回ったところで横方向の体重移動が起こる（行く）

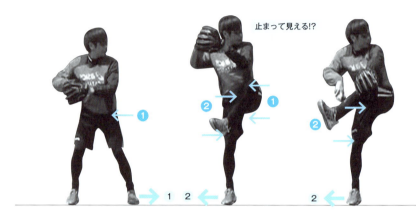

ているにも関わらず、右膝のポジションがほとんど変わらないまま写真3（P123）の局面まで体重移動を行っている。身体を沈み込ませる屈曲動作とともに体重移動に移行する際、右脚の下腿部はほとんど動かず、右脚で地面をとらえてセカンドベース方向に押し続けていることがわかる（写真1～3）。重力の力を借りて沈み込みながら右脚でマウンドをセカンド方向に押し続けることで、その地面反力により体重移動は開始されると言えよう。

POINT 2　体重移動は右脚が地面を押す力（地面反力）によって行う

また、写真1～5（P123）のように、右膝がぎりぎりまでホームベース側に倒れずに地面をとらえ続けていることは、下半身に"粘り"のある投球動作に特徴的ではなかろうか。体重移動が加速するまでは、右脚で地面をセカンドベース方向に押すことによって、体重移動を投球方向へと明確にすることが可能になろう。左脚で踏み込むぎりぎりのタイミングまで右脚で地面をとらえ続ける（写真5）ことによって"粘り"が生まれると考えられる。

7 爆発的にパワーを発揮する運動における動作のポイント

1〜3 重心移動の距離に比べて右膝の位置はほとんど変わらずに体重移動が行われている（線1〜3）
1〜5 右脚で二塁方向へ地面を押す地面反力によって体重移動している

POINT 3
横向きで体重移動を行っている間は
右膝がホームベース側に倒れないように動く

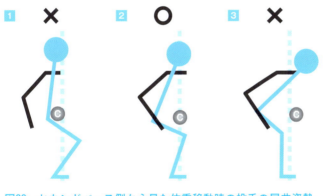

図22 セカンドベース側から見た体重移動時の投手の屈曲姿勢

　おおよその
　身体重心位置

下肢三関節が力を発揮しやすい屈曲姿勢で体重を移動することは、動作を安定させ、より良い踏み込み動作や回転動作を起こすためにも重要である

　体重移動における沈み込み姿勢は、各種の跳躍動作で説明した、下肢三関節によって大きな力を発揮できる屈曲姿勢（P106図14）に非常に良く似ている（図22）。股関節の屈曲を起点とした下肢三関節の屈曲による沈み込み姿勢で、地面をセカンドベース方向に押すことから生まれる地面反力によって、安定した屈曲姿勢での体重移動が可能になる。また、地面との接点の垂直線上に重心があることも、横方向

への体重移動を適正に行うために大切な要素であろう。

> **POINT 4**
> 跳躍動作などと同じように、横方向への体重移動においても下肢三関節が力を発揮しやすい適切な屈曲姿勢をとる

体重移動において起こりやすい動作

多くの選手は、ホームベース方向に移動する意識が強いあまり、片脚での横方向の跳躍運動と同様に、身体の一部を先行させて体重移動を行っている。以下のような動作が単独、または複合的に見られる。
① 右膝を内側に屈曲する
② 右膝を外側に屈曲する
③ 頭部から上体を先行させ、移動方向に倒れて行くように動く
④ 左脚を振り出すように先行させ、上体がセカンドベース方向に倒れる

上記①〜③のような動きをともなう動作は、右脚一本で静止してから体重移動を始めるように動くと起こりやすい。片脚支持の運動中に動きを一旦止めてしまうと、次に運動を起こすためには何らかのきっかけが必要である。静止状態からホームベース方向への移動のきっかけを作るために、上記のような動きの欠陥をともなう可能性がある。P125上段（スティックピッチャー）に示すaは上記の①と③が複合的に起こっている動作の例であり、bは④の例である。このような動作は様々な組み合わせで起こるが、これらは踏み込みから骨盤および胴体の回転動作、腕のスイング動作を制限する原因となろう（後述P126〜136）。

cでは右脚で地面をセカンドベース方向に押すことで体重移動を行い、その間骨盤および胴体が前額面上で垂直方向を保っている（P123 1 〜 5 ）。このとき、右脚で地面を押す意識が強すぎて右膝が外側方向に屈曲するような動き（ d ）も、横方向の移動をコントロールし、その後の踏み込みから回転運動にスムーズに移行するためには避けるべきであろう。

体重移動でのムダな動作を省くためにも、前段階で"寄せながら行く"意識で動き、体重移動へと移行することが重要である。また、下半身に粘りを感じさせる動きというのは、右投手であれば、右脚が地面をセカンドベース方向に適切に押すことによって生まれる地面反力によって、体重移動をコントロールできている動き（ c ）のことを指しているのではなかろうか。

なお、右投手の右膝が体重移動の際

に早い段階でホームベース側に屈曲する動き（**イラスト下段**）は、ストライドを広げようとするほど膝関節や内転筋群に大きな負担となり、傷害のリスクを高める。傷害予防の観点からも効果的な動作（**イラスト上段**）がどこにあるのかを常に考えなければならない。

a　膝関節内側屈曲＋上半身先行

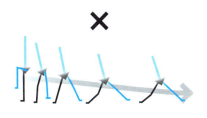

b　左脚と骨盤（身体重心付近）先行

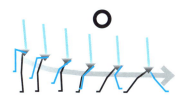

c

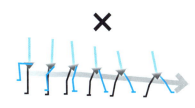

d　右膝関節外側屈曲＋骨盤・左脚先行

3）踏み込み動作と〝カベ〞の正体!?

　体重移動から踏み込みによって身体重心の移動速度を一気に減速させるまでの局面において、実践指導の場では、〝カベがある、カベができていない〞という表現が頻繁に使われる。投球の際によく言われる〝カベ〞とは何であろうか。

　右投手の左脚が地面を踏み込みにいく際、体重移動によって生まれたエネルギーを受け止めると、踏み込みと同時に起こる身体重心の急激な減速から、左脚股関節を支点にして骨盤および胴体の回転と上肢のスイングが劇的に加速する。左脚の踏み込みによって、体重移動とは反対のセカンドベース方向に働く力により、急激に体重移動を減速させる〝カベ〞ができれば、上体（骨盤および胴体）と上肢の回転運動の支点がしっかりと固定され、腕のスイング動作を爆発的に加速させることができる。では、どのような踏み込み動作が、〝カベ〞を作るために有効で、投球動作においてより効果的と言えるのであろうか。

　先述したとおり、片脚での跳躍で地面を強く踏み切るときには、下肢三関節が地面に対して発揮する力の方向を一致させることが効果的である。投球における踏み込み動作においても、大きな地面反力を得るためには同様のことが言える。助走から片脚で上方向へ跳躍するための屈曲動作と、右投手の左脚の踏み込み動作における、それぞれの下肢の動きは非常に良く似ている（イラスト）。このとき生まれる

地面反力こそが、よく言われる〝カベ〟の正体ではないだろうか。効果的に〝カベ〟を作るためには、下肢三関節が力強く踏み込める動作が重要なポイントとなろう。

POINT 5
踏み込みにおいて身体重心を支持脚である左脚に寄せ、
下肢三関節の発揮する力の方向が一致するように動く

　跳躍運動の場合には、屈曲から伸展時に発揮される地面を押す力が地面反力となって、上方向への推進力となる。一方、投球動作の場合には、踏み込みによって発生する地面反力を、続いて起こるスイング動作の劇的な加速運動を促す〝カベ〟として働かせているのではないだろうか。踏み込みにより、並進運動を止めるセカンドベース方向への力が急激に加わることによって生まれる〝カベ〟によって、左股関節は回転運動の支点となり、この支点を軸とした骨盤から胴体へと続く回転運動と上肢のスイング運動が加速される。踏み込んでから腕を振り抜くまでの短い時間、上体から上肢は大きく動いているにも関わらず、踏み込みにいった左脚はほとんど動いていない（写真■〜■）。動かない左脚の付け根である左股関節が支点となっ

強い踏み込みのために、■で接地してから■で腕を振り
抜くまで上体から上肢は大きく動いているにも関わらず、
左脚は地面に突き刺さった杭のように動いていない

→　強くコントロールされた
　　踏み込みが〝カベ〟の正体か!?

て、投球動作における骨盤および上体の回転運動と上肢のスイング動作の劇的な加速が起こると言えよう。

> **POINT 6**
> 踏み込んだ脚は、上体（骨盤および胴体）の回転から腕のスイングの最大加速局面において地面に刺さった杭のようにほとんど動かない

踏み込みと身体重心のポジション

　右投手が、下肢三関節が地面に対して同一方向に力を発揮するように左脚を踏み込むためには、跳躍運動と同様に、身体重心を踏み込み脚の方に寄せなければならない。バネは重さが乗ってこそバネとしての機能を発揮するからである（P129イラスト）。

　動きのなかで見えない〝カベ〟をつくるためには、地面に対して強く正しい方向に踏み込み、目的とした方向に大きな地面反力を獲得しなければならない。投球動作においては、踏み込みによる地面反力を獲得し、これによって回転動作の支点を固定することで骨盤および胴体の回転と上肢のスイングが効果的に加速する。

　様々なスイング型の爆発的な力の発揮を伴う運動は、体重移動や助走による直線的な運動から踏み込みを介して回転運動へと移行し、ここで劇的な加速を起こすことによって行われている。また、このような踏み込みには前段階で起こる体重移動が適切であることが前提となろう。常に前の局面が次の局面への予備的な動作となっていることを理解することが重要である。

　投球動作における踏み込みで、身体重心が踏み込み脚に寄らない動作では、回転運動中の脊柱の負担が大きくなり傷害のリスクを高める。また、踏み込みの際に踏み込む脚の膝が内側または外側方向に屈曲するような動作では、膝関節の負担が大きくなるために傷害のリスクを高める。これらのことにも留意して動きを修正していくことが大切である。

7 爆発的にパワーを発揮する運動における動作のポイント

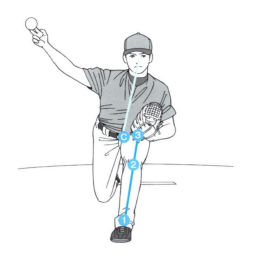

下肢主要三関節（❶〜❸）が発揮する力の方向が一致する

身体重心❻が踏み込み足（左脚）側に寄っている

体軸（脊柱）と回転軸が近い

下半身で投げる？

"下半身で投げろ"、という言葉も野球の指導現場で非常によく耳にする。運動中、下半身は動かない地面とのやりとりのなかで動いている。したがって、投球動作のような全身運動では、動かない地面に対する下半身の運動のリズム・タイミングや流れ、これにともなって起こる地面反力に則して、骨盤から胴体へと続く回転動作や腕のスイング動作などに連鎖する運動全体が成立している。動かない地面とのやり取りのなかで動いている下半身の動きの流れによって運動全体のリズム・タイミングは決定されると言えよう。

したがって、下半身が効果的に動いてこそ、投球動作全体の動きが効果的にまとまる可能性が高まるのは当然のことと言えるのではないだろうか。これらのことを経験的に知っているからこそ、"下半身で投げろ"や"下半身で打て"という言葉が指導現場において頻繁に使われるようになったのであろう。骨盤および胴体の回転動作や腕のスイング動作を含めた上半身の運動は、下半身の動きのリズムや流れに逆らうことはできない。これは野球における投打に限らず、サッカーにおけるキックやテニスのストロークなどを含む、ほとんど全ての接地しながら行う全身的な爆発的に力を発揮する運動においては同じであろう。

4）横向きから前向きへ

　右投手は、体重移動に続いて起こる左脚の踏み込みと重なって、骨盤および胴体の回転動作によって投球方向（ホームベース方向）へと身体を向ける（P120写真cとd）。ボールをより強く、より正確に投げるために、どのように前を向きにいく動作が腕のスイング動作と調和しやすいだろうか。

開きが早いとは？
　指導現場では横向きの体重移動から前を向きにいく動作において、"開きが早い"という指摘を頻繁に耳にする。投手の技術的な欠陥を指摘する際に、最も多く聞かれる言葉ではないだろうか。"開きが早い"動作は、横向きから前向きに動くときに起こることは明白である。それでは"開きが早い"動作とはどのようなものだろうか。
　開きが早いと言われる投球動作の特徴として、体重移動の横向きの上体からホームベース方向を向くためのターンにかかる時間が長いということが考えられる。回りはじめてからリリースまでにかかる時間が長ければ長いほど開きが早くみえるのではなかろうか。体重移動の際の横向きの状態からホームベース方向を向くまで、できるだけ短い時間でターンしてリリースに至ることができれば、開きが早いと言われることもなくなると考えられる。したがって、早く開かずに投げるためには、体重移動の際にできるだけ横向きの姿勢を崩さずに、左脚の踏み込みのギリギリまで待って、踏み込みながらすばやいターンを行わなければならない（P131写真 1～3）。体重移動の間、骨盤および胴体の角度がほとんど変わらないままで体重移動していることも（P131イラスト a ～ c ）、開きを抑える動きの特徴と言えるのではないだろうか。
　また、踏み込み脚に身体重心を寄せることは、踏み込みによって大きな地面反力を得るためだけでなく、続いて上体（骨盤および胴体）のターンをできるだけすばやく行うためにも重要である（P135イラスト左）。なぜなら、回転軸と身体の軸（体軸）のズレを小さくしなければ上体のすばやいターンはできないからである。身体重心が踏み込み脚の上に乗らなければ、回転軸と体軸を近づけることは難しく、一塁ベース方向に上体を倒しながら回転させることになる（P135イラスト右）。回転

7 爆発的にパワーを発揮する運動における動作のポイント

1　踏み込んだ時点ではまだ横を向いている
1～3　踏み込みにいきながら回転動作を行う

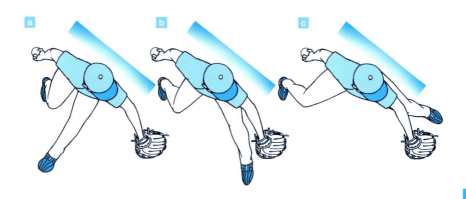

体重移動を始めてから踏み込みに近づくまで、上体（骨盤および胴体）の角度を変えないままで並進運動を行う

軸の角度を変えながら回転すると、脊柱へのストレスが増大することにより傷害のリスクも高まるため、傷害予防の観点からも踏み込み動作を十分に学習することが大切であろう。踏み込みの際、身体重心が踏み込み脚に乗るための適切な体重移動からの動きの流れをつかむことが大切であろう。

POINT 7　踏み込みと回転動作（ターン）のタイミングを合わせる

"開き"の原因

　開きが早いと言われる選手の特徴は、大きく以下の2つに分かれているように感じる。ひとつは、左脚を踏み込んでからリリースまでの時間を短くしようとするあまり、ターンを開始するタイミングが早くなりすぎて、前を向きながら体重移動を行ってしまうような投球動作である。体重移動の過程で、早いタイミングで前を向き始めてしまうために、打者に対して前を向いている時間も長くなり、文字どおり開きが早くなってしまうのではなかろうか。このような動作では、前を向いてから左脚が踏み込みにいくために、地面反力による"カベ"を利用して腕のスイングを効果的に加速することは困難であろう。左脚の踏み込みが最も強くなるタイミングでターンを行い、骨盤および胴体が正面を向くときに地面反力が最も大きくなるような動作が、効果的な腕のスイング（P133）へと続いていくために大切でないだろうか。

　2つ目の典型的な例は、開きを抑えようとするあまり、左脚を踏み込むタイミングに対して骨盤および胴体のターンが遅すぎるため、左脚が踏み込んでからターンするような動きになってしまう例である。踏み込みに対してターンのタイミングが遅れると、左脚を軸にした素早いターンはできない。結果的には、回り始めてからリリースまでの時間が長くなるために、開きが早いと言われるような動作になってしまう。

　したがって、"開きが早い"動作を改善するためには、体重移動と踏み込みの動作を習得することと、地面に力強く踏み込みながらターンするタイミングを学習することが重要と言えるのではないだろうか。

　下半身に粘りがあると言われるような投手は、"タメ"がある、"ボールが隠れて見える"などの評価も同時にされていることが多い。右脚で地面をとらえながら、上体を横向きの状態で保ったままホームベース方向に移動できる投手は"タメ"があるように見えるのではなかろうか。また、"下半身に粘り"のある体重移動ができれば、強い踏み込みと上体の素早いターンにも移行しやすい。ターンの速度が速ければ、打者はどのタイミングでボールがリリースされるかをギリギリまで予測しづらいために、"ボールが隠れて"見えるのではないだろうか。同様に、ターンして踏み込みによる地面反力が最大になったタイミングで、"カベ"を突破するように腕を振ることができれば、腕のスイングがリリース直前に劇的に加速するために"リリースポイントが見えづらい"、などと言われるのではなかろうか。

5）腕のスイング

　腕をより速く振るために重要なのは、腕を振るスイング動作そのものと、前項で説明した"カベ"を効果的に利用することではないかと筆者は考えている。左脚の踏み込み動作によって発生する地面反力によって、ホームベース方向へ加速している身体重心の移動が急激に減速して止まるときに、絶妙なタイミングで骨盤および胴体の回転（ターン）と上肢のスイングの加速度に転化できれば、振りにいった上肢は劇的に加速する（写真）。それでは、振りにいった腕が、最終的には"振られる"もしくは"思った以上に振れる"ように全体を調和させるための動きとはどのようなものであろうか。腕のスイングは必ずしも大きく強く振れば良いというものではないであろう。おそらく、体重移動から踏み込みのタイミングに合わせて、どの軌道で、どの時点で腕をスイングしにいけば、絶妙なタイミングで上肢のスイングが"カベ"を突破し、劇的な加速を生み出すことができるのかを探すべきではなかろうか。

　スイングの軌道は、オーバーハンドやサイドスローなど、腕を振る角度や高さに関わらず、上肢のスイングが"カベ"を突破するまでは、上肢の重心が体軸から遠くに離れすぎて遠回りにならないことが重要である。左脚の踏み込みによる"カベ"を突破しながらスイングする腕を伸ばしにいくことによって、前方で腕の

3で腕のスイングが"カベ"を突破しながら4へと劇的に加速する

左脚の踏み込みによる"カベ"を腕のスイングが突破していくタイミングが遅れないように、踏み込みと上体（骨盤および胴体）の回転、腕のスイングのタイミングに留意することが重要である

スイングが劇的に加速すれば、いわゆる"球持ちが良い"と言われるような投げ方も可能になるのではないだろうか。言うまでもなく強く速く腕を振ることは威力のあるボールを投げるためには不可欠であるが、どう振ればより速く安全に、また再現性の高い動きで腕のスイングをコントロールして行うことができるかを考えなければならない。このためには、大きくまたは速く腕を振ることばかりに意識をとらわれることには注意を払うべきではなかろうか。踏み込みと上体（骨盤および胴体）の回転、上体の回転と腕のスイングと肘の伸展（肘を伸ばしにいく）のタイミングを調整し、リリースポイントでより大きなパワーが発揮され、より安全に、より高い再現性で動ける動作を獲得することを目的として、腕のスイング動作について考えるべきあろう。

POINT 8
腕は振りにいくタイミングが遅れないように注意して、踏み込みによる"カベ"を突破するような意識で振り抜く

腕を振れ！

思うように威力のある投球ができない投手に対して、多くの指導者は"もっと腕を振れ"という言葉をかける。試合の緊迫した場面で、精神的なストレスから動作が縮こまった結果として腕が振れなくなるというような状況においては、このような言葉が功を奏する場面もあるだろう。しかし、腕を振ろうとすればするほどうまくいかなくなるということも少なくない。もちろん威力のあるボールを投げるためには、腕を速く振ることができなければならない。そのために、もっと速く腕を振って球威のあるボールを投げなさい、という意味を込めてかける言葉であることに疑いの余地はないが、ただ腕をもっと速く振りにいこうとすればより速く振れるというものではないことに、多くの選手はジレンマを感じているのではなかろうか。技術的なトレーニングをとおして、投球動作においてどのタイミングでどの軌道で腕を振るのかを学習していくことが大切であろう。

投球動作においてしばしば見られるのは、腕を速く、または大きく振ろうという意識が強すぎるために、踏み込みよりもかなり早いタイミングから胸を開いて大きく腕をスイングするような動作である。腕のスイング速度を上げることはできるか

もしれないが、上体（骨盤および胴体）のターンに対して腕が遅れやすくなるために、地面反力による"カベ"を突き抜けるタイミングは遅くなってしまう。骨盤・胴体周辺から上肢の筋や腱を目一杯に伸張させてから爆発的に力を発揮することは、単純に球速を上げるためには有効である。しかし、腕のスイングのタイミングが踏み込みに対して遅れすぎると、腕がなかなか前に出てこないために、右投手であれば一塁方向に体全体が倒れやすくなる（**イラスト右**）など、投球動作全体にも影響が出やすく、投球を安定してコントロールすることは難しい。前述した"開きが早い"動作を招く原因ともなる。上肢のスイング速度を単純に上げるためには、肘を適度に屈曲させた状態で加速させておいて、ボールリリース時に向かって肘が伸展していく方が指の先端（リリースポイント）の速度は上がる（角運動量保存則）。また、腕（肘）は適度にたたんで振りはじめ、踏み込みに対してタイミングよく伸展しながら振り抜くことが、強く安定した腕のスイングを獲得するためには有効であろう。また、腕を伸ばしにいくタイミングは早すぎても遅すぎても投球を狂わす原因になろう。これらを個人が元来持っている動きや生理的・解剖的な特性をふまえて最適なタイミングを探していくべきではなかろうか。

野球において最も典型的な傷害は投手の肩や肘の傷害である。腕のスイングが

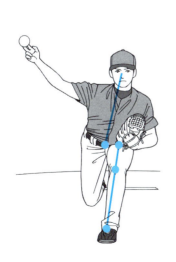

"カベ"を突破するタイミングが遅くなると、肩関節が大きく屈曲または水平屈曲され、肘関節には大きな外反ストレスがかかる状態で腕のスイングの最大加速局面が起こるために、肩や肘関節周辺の筋腱や軟部組織に過度の伸張による負荷がかかりやすくなる（P137イラスト右）。肩関節（肩甲上腕関節）の構造上、肩関節が大きく（水平）屈曲している状態で爆発的な加速局面に至ることは、肩関節周辺のストレスが増大し（イラスト右）、傷害へのリスクを高める可能性があろう。一方、腕のスイングの最大加速局面で肩関節の（水平）屈曲角度が小さければ、肩関節周辺のストレスを減少させる可能性がある（イラスト左）。また、肘関節においても、前方で腕のスイングの最大加速局面に至ることで、外反ストレスを軽減させる可能性がある。上肢のスイングの振幅は同じ距離と軌道だとしても、最大加速期が踏み込みに対してどのようなタイミングで起こるかによって肩や肘関節にかかってくる機械的なストレスは異なる。かと言って、前方で腕のスイングの最大加速局面を引き出すことのみを優先することによって、腕のスイング速度そのものが大きく減少すると投球速度を得ることができなくなってしまう。実践のなかで、傷害のリスクを抑え、同時に腕のスイング速度を最大限に引き出すために有効な、各個人の最適な動きを探ることが重要であろう。

6）投球動作のまとめ

　右投手の投球動作を考える際に、投球動作のタイプに関わらず押さえるべき課題は以下のようなことであると考えられる。

① 体重移動は右下肢によってホームベース方向にコントロールされているか（P120写真2〜8）。
② 踏み込み脚（左脚）が着地に近づくにしたがって、水平方向に近い直線的な体重移動を行っているか（写真4〜8）。
③ 力強い左脚の踏み込み動作で、大きな地面反力を獲得することによって"カベ"を生み出し、回転運動の支点を固定することができているか（写真8〜12）。
④ 踏み込み脚の付け根となる股関節あたりを軸に、股関節が支点となってすばやい回転動作が行われているか（写真8 9）。
⑤ 上体の回転運動の支点が踏み込みによる地面反力によって固定されるタイ

7 爆発的にパワーを発揮する運動における動作のポイント

A	B
腕のスイングの最大加速期がBに比べて前方にある	腕のスイングの最大加速期がAに比べて後方にある

最大加速期が起こるタイミングは、踏み込みによる地面反力が最大になるタイミングに近いであろう。最大加速期のタイミングは、筋力や柔軟性、技法や投手としてのタイプなどの個性に配慮しつつ、踏み込みのタイミングとの調和により最適を探すべきであろう

ミング（地面反力による"カベ"ができて、回転の支点が固定されているタイミング）で腕を振っているか（P120写真 9 〜 12）。

投球において最も重要なのは、発揮する力の方向がホームベース方向に集約されていることである。ワンステップの短い距離のなかで、最終的には腕のスイングから繰り出されるボールに、いかに力を加えるかが投球動作における最大かつ唯一のテーマと言えよう。そのために必要と考えられる主要な課題を示したが、これらの項目は、ひとつひとつ独立したものではなく、それぞれが必ず続いて起こる動作に対して意味を持つ。①と②が適切に行われてこそ③が達成しやすくなる。④や⑤も①〜③が適切に行われてこそ、一貫した技術として発揮しやすくなるのである。先にも述べてきたように、運動というのはひとまとまりでとらえなければならない。

ここまで、投球動作においても、両脚支持から片脚支持へ移行してからボールをリリースするまでをひとまとまりの運動としてとらえた上で、それぞれの局面がどのような意味を持つかを考慮し、続いて起こる動きの変化に対してどのように動くことが効果的かということについて考えてきた。

両脚の跳躍運動において説明したように、投球動作においても次の動きを先取り

しながら爆発的な力を発揮する局面へと移行していく。投球というひとまとまりの運動において、踏み込み動作から腕のスイングまで、中心から末梢へと連続するSSC運動（P91）の連鎖によって爆発的な力の発揮が行われているのである。①〜⑤のような課題を満たすためのそれぞれの動きが、続いたり重なったりしながら首尾よく機能したときに、投球動作としてひとつのまとまりを持つと言えよう。

　個人の持つ身体的特性から、外に見えてくる動作は同じオーバーハンドの投手でもそれぞれの特徴を持つのは当然である。また、投手にはオーバーハンド、スリークォーター、サイドスロー、アンダースローなど、投法も個人によって異なるが、いずれにしても原則的にとらえるべき課題は何かを見極め、これを個人の様々な特性を考慮して学習することが大切であろう。

4　打撃動作

　打撃動作は、体重移動から踏み込み動作、それに合わせて骨盤および胴体の回転、両腕を使ったバットスイングへと、身体の中心から末梢への連鎖による劇的な加速により爆発的に力を発揮する運動である。投球動作と運動形態は異なるが、横方向への体重移動から踏み込み、スイング動作へと加速させるという一連の流れ（P139写真）は類似している。しかし、道具（バット）を使って両腕でスイングを行う打撃動作は、投球とは大きく異なる運動としての特性を持つ。また、投球は自ら運動を起こすことができるが、打撃は投手によって投げられたボールに対応して行わなければならない。運動技能は、外的要因に左右されることの少ないクローズドスキルと、常に変化する条件のなかで発揮される運動技能をオープンスキルとに分けられるが、投球はクローズドスキルに近い運動であるのに対して、打撃は投球という外的要因に対して、常に変化しなければならないオープンスキルの典型的な運動のひとつであると言えよう。打撃運動は投球運動に比べて、投球に対応して絶えず変化しなければならない。また、確率（打率）により重点をおいた技術、飛距離（長打）に重きをおいた技術など、どのような技術の獲得を目標とするかによっても、また、個人の持つ生理解剖学的特性や動きの特性によっても、運動技術としてのスタンダードをどこにおいて説明するかは投球動作以上に容易ではない。ここでは、打者のタイプに関わらず留意されるべき基本的打撃動作について考えることとする。

7 爆発的にパワーを発揮する運動における動作のポイント

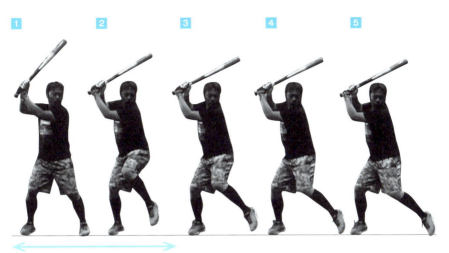

a）両足支持から片足支持へ

b）体重移動

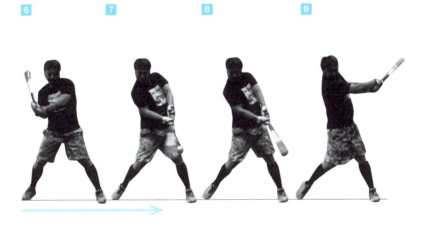

c）踏み込み

d）バットスイングと上体の回転

1）両脚支持から片脚支持へ

　ノーステップや非常に短い距離のステップで打撃を行う打者もいるが、投球動作と同様に、右打者であれば右脚方向に体重を寄せてから左脚方向に体重移動を行うことは、どのような打者であっても同じである。打撃における体重移動の距離は短いために、体重移動までの細かい動作を、ある程度"ごまかし"ながら帳尻を合わせている場合も少なくないように見受けられる。体重移動に移行していくための予備動作として、どのような体重の寄せ方が効果的かを明確にすることが重要ではなかろうか。

　右打者の場合、投手方向への体重移動に先がけて右脚に体重を乗せに行く動作は、右脚一本でピタッと止まるように右脚に身体重心を乗せに行くことではない（写真2）。これは、投球動作の項でも述べたように、右投手が右脚一本で立つ動作にお

"寄せながら行く"動きの流れ
1の地面反力により❶の方向に身体が動く（寄せる）
❶と2の地面反力による❷の力とぶつかり合う（止まって見える）
❶のホームベース方向への動きが❷の力に打ち消されると、横方向の体重移動が起こる（行く）

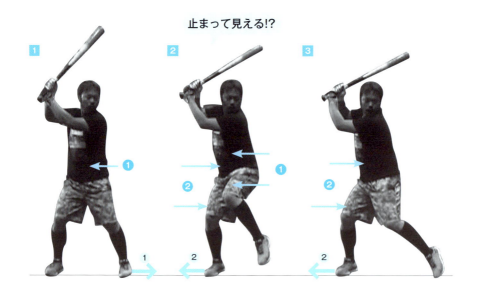

止まって見える!?

いて起こることと同じである（P122写真）。右脚方向に重心を寄せる動きと、右脚でバックネット方向に地面を押しに行く動きがぶつかっている状態（P140写真**2**）が、右脚一本で〝止まって見える〟状態と言えるのではないだろうか。

POINT 1　右脚一本で止まりに行こうとせず、〝寄せながら行く〟意識を持つ

ピタッと止まりに行くような動作は、一見バランスの良い動きに見えるが、続いて起こる体重移動の準備として適切な動きと言えるだろうか。投球動作と同様に、片脚立ちで止まってしまうように動くと、体重移動を始めるときに、進行方向に身体の一部を先行させるような動きの原因になりうると考えられる。打撃においても、投球動作と同様に、ピタッと止まりに行った後の体重移動には、以下のような動作が起こりやすい。

A）上体を先行させる（図23**a**）
B）右膝を内側に倒し、身体重心を先行させる（図23**b**）
C）左脚を先行させる（図23**c**）

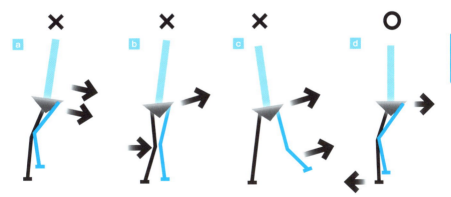

a 上体が倒れるように先行するために直線的な体重移動ができていない
b 膝を内側に倒すことで横方向への移動を起こしているために直線的な体重移動ができていない
c 左脚を先行させることで体重移動を起こしているために直線的に体重移動ができていない
d 矢状面で上体はまっすぐに乗り、左足で地面を進行方向と逆方向に押すことで直線的な体重移動可能にする

図23　横方向への体重移動

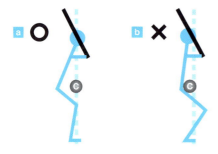

図24 体重移動を開始するときの姿勢

○ おおよその身体重心位置

a 下肢三関節が力を発揮しやすい屈曲姿勢で身体重心がやや前方にある
b 下肢三関節が力を発揮しやすい屈曲姿勢ではなく、身体重心も a に比べ後方にある

　これらの動きは（P141図23 a b c）、続いて起こる体重移動から先の動作に大きな影響をもたらす可能性があろう。打撃も投球動作と同様に、並進運動から回転運動へと移行する運動であるため、地面に対して水平方向への直線的な体重移動が後の回転運動へと移行するためには有効であると考えられよう。P141図23 d のように動くためには、続いて起こる体重移動に向けて、下肢三関節の適切な屈曲姿勢から体重移動を始めることが有効であろう（図24）。

POINT 2　右脚方向に身体重心を寄せながら下肢三関節の適切な屈曲姿勢をとる

体重移動の準備と"間"

　良い打者には"間"がある、という言葉を、野球を行っている者の多くが耳にしたことがあるだろう。この"間"というのは、一般に両脚支持から片脚支持で立ち（P139写真 1 〜 2）、投手方向へと体重移動を始める（写真 2 〜 3）"寄せながら行く"動きのなかで、いつでも投手方向へと体重移動を始められる状態で待ち構えている状態を表現しているのではないだろうか。

　"寄せながら行く"ことで、寄せる力と行こうとする力が拮抗して止まって見える状態に対して、見る人は"間"を感じるのではないだろうか。また、"寄せながら行く"ことによって、寄せる動きと行く動きの境目がなく途切れないように動くことで、打者がさらに"間"を持って動いているように見えるのではなかろうか。

7 爆発的にパワーを発揮する運動における動作のポイント

2) 打撃動作における下半身の粘り!?

　打撃動作においても体重移動は横方向に行われ、投球動作における体重移動との共通点は多い。しかし、同じワンステップの体重移動でも、長い距離を移動する投球動作では沈み込みながら体重移動を行う（P120写真）。一方、移動距離が投球動作に比べて短い打撃動作においては、体重移動が始まる時点で下肢三関節は屈曲した姿勢にあり、最初から最後まで横方向への直線的な移動によって行うことが可能である。打撃動作においても、体重移動は動く方向とは反対方向に、支持脚（右打者の場合右脚）で地面を押す力によって行われる（写真とP144図25）。

　投球動作と同様に、打撃動作においても"下半身に粘りがある"または"下半身

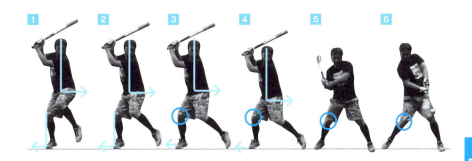

1〜4 下肢三関節の屈曲姿勢から右脚で地面をとらえ続けている。この間、右膝が内側に倒れることなく、また、体軸は体重移動の方向に対して角度を変えることなく動くことにより直線的な体重移動を行っている

体重移動を始めてから左脚が踏み込みに入るまで、上体（骨盤および胴体）の角度を変えないままで並進運動を行う

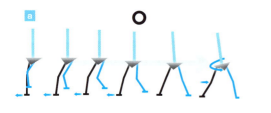

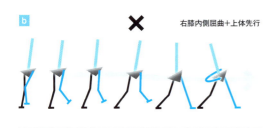
右膝内側屈曲＋上体先行

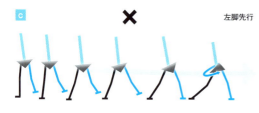
左脚先行

図25　打撃の体重移動

に粘りがない″という評価をしばしば耳にする。打撃動作においても、この違いについて考えてみたい。

投球動作において、体重移動の際の支持脚の膝を回転運動に移行するぎりぎりまで内側に倒さずに地面をとらえていたように（P123写真、P125図c、P125イラスト上）、右投手の右脚）、打撃動作においても右脚で地面をとらえている間は膝が内側に倒れることなく、左脚の踏み込みから骨盤および胴体の回転動作にともなって膝が内側方向に動くことが大切なのではないだろうか。

前述したように、左脚方向へ体重を寄せた身体ポジション（P139写真**2**）から体重移動は開始される。投球動作と同様に、横から見て上体（骨盤および胴体）が地面に対して角度を変えることなく体重移動を行うこと（P143イラスト）が、効果的に並進運動を加速させ、続いて行われる踏み込みから回転運動を効率的に行うために有効であると思われる（図25**a**）。図25の**b**や**c**のような動作では、体重移動にともなって支持脚の膝が内側に倒れることや、非支持脚が身体重心の移動に対して先行することなどが原因となり、直線的に体重移動を行う妨げとなる可能性があろう。また、脊柱が前額面上の角度を変えながら体重移動を行っている。これらは、続いて起こる踏み込みから回転動作を効果的に行うための妨げとなる可能性があろう。下肢三関節が発揮する力の方向が一致するポジションで地面をとらえ続けることが、体重移動における下半身の″粘り″を生み出し、

続いて起こる踏み込みから骨盤および胴体の回転運動へと移行するための適切な体重移動を可能にするのではなかろうか。

体重移動における動きは、続いて行う回転動作にも大きく影響すると考えられる。体重移動の方向と、続いて起こる骨盤および胴体の回転や上肢によるバットスイングによって発揮されるそれぞれの力の方向が、できるだけ一致していることが、打撃動作を安定してコントロールするためにも、効果的に大きな力を発揮するためにも重要であろう。

> **POINT 3**
> 体重移動の間、上体（骨盤および胴体）の向きを変えず、
> 下肢三関節は適切な屈曲姿勢を保ち、右脚で地面を
> 押し続けるために、右膝はぎりぎりまで内側に倒れないように動く

3）打撃における踏み込みと"カベ"

打撃動作においても、体重移動に続いて起こるのは左脚の踏み込みである（P139写真 6～9）。投球動作と同様に、右打者が左脚で地面を踏み込みにいく際、体重移動によって生まれたエネルギーをどのように受け止めるかが、爆発的にバットスイングを加速させるために重要であろう。左脚の踏み込みによって生まれる地面反力による"カベ"ができれば、投球動作と同様に回転動作の支点がしっかりと固定され、バットスイングを爆発的に加速させることができよう。ここでは、どのような踏み込み動作が打撃動作において効果的かを考えていくこととする。

踏み込みにおいて大きな地面反力を得るためには、左脚の下肢三関節が地面に対して発揮する力の方向を一致させることが効果的である。最終的に前を向いて片腕でスイングする投球動作と、横向きのまま両腕でバットスイングを開始する打撃動作では踏み込みの動作は異なるが、いずれにしても下肢三関節は地面に対して発揮する力の方向を一致させ、地面反力を"カベ"として働かせることができるように動くことが有効と言えるのではないだろうか（P146写真 2～4）。このとき、投球動作の踏み込みと同様に、スイングの最大加速局面では踏み込んだ左脚はほとんど動いていない。

左脚が踏み込みにいくタイミングに合わせて、左股関節を支点として右腰を回転させつつバットスイングを始める（写真1 2）。このとき、左股関節が回転運動の支点として踏み込みの地面反力により固定され、バットスイングが効果的に加速する（写真2 3）。並進運動により体重移動の際に投球の方向へ加速するエネルギーが、踏み込みにより発生する地面反力（"カベ"）によって減速して止まるときに、骨盤から胴体の回転および上肢のスイングの加速度に転化させることができれば、回転運動によるバットスイングを効果的に加速させることができるのではないだろうか。思った以上にバットが振れたときに、"ヘッドが抜ける"という表現を聞くことがあるが、踏み込み、回転動作、バットスイングのタイミングがうまくかみ合ったときにそのように表現されるのではないだろうか。横方向の体重移動から前向きの姿勢に回転しながら腕のスイングが"カベ"を突破する投球動作と異なり、横向きの姿勢を保ちながらバットスイングの最大加速局面に移行していくことは打撃動作において特徴的と言えよう。

> **POINT 4**
> 右打者の左脚の踏み込みにおいても、
> 下肢三関節が発揮する力の方向が一致するように動く。
> このとき、バットスイングの最大加速局面では、
> 踏み込んだ左脚は地面に刺さった杭のようにほとんど動かない

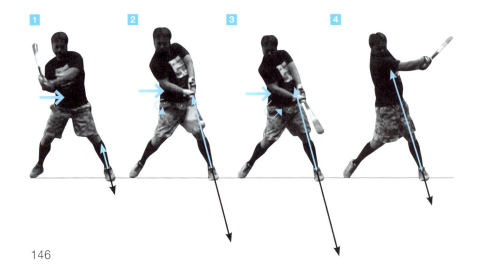

長距離砲と
アベレージ打者

　アベレージ打者のように、バットスイングのコントロールを重視する場合には、左脚は横向きに移動しながら踏み込み、踏み込み時の骨盤・胴体の回転角度はできるだけ小さくしながら長く地面をとらえ続け、バットスイングが〝カベ〟を突破するタイミングを長く保てるように動くことが効果的であると考えられる。一方、長距離打者のように、遠くに打球を飛ばすことを優先する場合には、バットスイングにともなう骨盤および胴体の回転角度を大きくして、バットをより加速させることが有効であると考えられる。
　個々の選手が持つ身体能力によって、回転角度は最小限でもホームランを打てる打者もいれば、どんなに回転動作を大きくしても打てない打者もいるであろう。同じ選手でも筋力などの体力的要素によって適切な技術は変化していく。原則的な動きを押さえつつ、各選手、適切な動きを見極めながら修正改善を続けることが大切であろう。

4）回転動作とバットスイング

　左脚の踏み込みに続いて骨盤・胴体の回転動作とバットスイングが起こる（P139写真❻〜❾）。これらの動作は別々に起こるのではなく、踏み込みながら起こることは前述した。踏み込みからバットスイングまで、どのような流れのなかで行うことが打撃動作において大きな力を発揮するために効果的かを考えることが大切であろう。

やっぱり開きが早い!?

　投球動作と同様に、打撃においても技術的な欠陥を指摘する際に〝開きが早い〟ということを頻繁に耳にする。〝開き〟とは回転動作に関連することは明白だが、〝開きが早い〟動きの実態はどのようなものであろうか。
　打撃動作は、横方向の体重移動から回転運動へと移行する運動である。〝開きが早い〟と言われる動きの特徴は、ボールとバットのコンタクトのタイミングに対して、また、踏み込みのタイミングに対して、骨盤・胴体の回転運動が始まるタイミ

ングが早すぎるということではないだろうか。

　写真2のように、踏み込んでバットスイングが劇的に加速を始める局面を迎えても、骨盤と胴体はまだ真横を向いている。さらに、バットスイングがカベを突破して行く局面においても、骨盤から胴体をバットスイングに先行させて回すような動作は行わずに、バットスイングが骨盤および胴体の回転に対して先行しているようにさえ見える（写真3）。踏み込みと同時に、バットスイングが大きく加速する前に骨盤を回転させ、左腰を回しにいくような動作は、前を向くタイミングが早くなるために、"開きが早い"動作の原因になるのではないだろうか。踏み込んだ左脚は地面をとらえたまま動かずに、左股関節を支点に右半身がインパクトに向かって回転するように動くことにより、"開き"を抑えることが可能になるのではなかろうか。投球動作において腕のスイングが遅れすぎることは、単純に投球速度を上げるためには有効だが、動作の再現性を失いやすく、傷害のリスクも高まる可能性について述べた（P133〜136）。打撃動作においても、体幹部や上肢の筋腱を大きく伸張することは同様の問題の原因となる可能性があろう。打撃動作は、どのコースを打つかなどによっても異なるため、踏み込みに対して、骨盤から胴体の回転動作のタイミングを一定にすることはできないことには留意すべきであろう。また、個

人の身体的特性によっても下肢から体幹部や上肢にかけての適度な筋群の伸張の度合いは異なるであろう。しかし誰にも共通することは、バットスイングに対して骨盤および胴体の回転を先行させすぎないことが、"開き"を抑え、体重移動のエネルギーを、踏み込みを介してすばやく回転のエネルギーに転化させるために有効であると考えられよう。

> **POINT 5**
> 踏み込みの地面反力による"カベ"を利用して、
> 回転の支点として左股関節をしっかりと固定し、
> バットスイングが"カベ"を突破するようなタイミングで動く

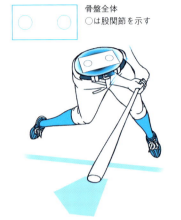
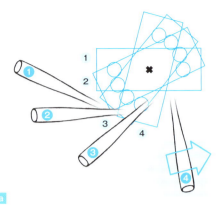

a 体重移動して左脚を踏み込みつつ、✗を中心に"グルン"と骨盤を回転させながらバットスイングを加速させるためにスイングの加速に時間がかかる。このとき、バットスイングが骨盤の回転に対して遅れやすいためにバットコントロールが難しい。また、外側のボールにバットスイングによる力を伝達しづらい。

a～cに踏み込みからインパクトに向かう骨盤とバットスイングの動きを模式的に示す

図26 打撃の回転動作

腰を回す

　優れた打者の多くから、"基本的には外角低めのストレートに合わせて動く"という言葉を聞く。打者の身体から最も遠く、速度の速いボールに合わせて動くことを自らの動きのスタンダードとして考えているために、このような言葉が聞かれるのではないだろうか。ストライクゾーンは横向きの体重移動に対して正面にある。フェアゾーンの広い範囲でボールを打ち返すためには、もちろんどのコースを打つかによって最終的な動きは異なるが、できるだけ横向きの体勢のままでバットスイングを加速できれば、アウトコースのボールに対しても力を伝えるために効果的と言えるだろう。このとき、左脚が地面を踏み込んで"カベ"を作るタイミングに対して、"腰を回す"タイミングが早ければ、"開きが早い"動作になってしまうのではなかろうか（図26a）。スイングの時間が長くなれば、振るか振らないかの決断を早く行わなければならないため、投球に対する見極めを早めなければならない。バットスイングの時間と距離は短いほどいいというわけではないが、踏み込み動作からバットスイングまでの一連の流れをどのようなタイミングで重ね合わせるかに留

7 爆発的にパワーを発揮する運動における動作のポイント

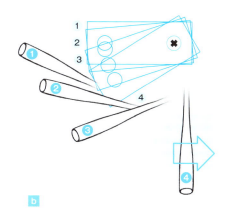

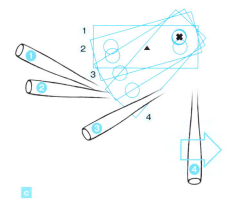

b 体重移動して左脚が踏み込んだ後に、✖（左股関節）を中心に骨盤が回転し、それにともないバットスイングが加速する。1〜4までの回転角度は大きくないが、体重移動のエネルギーを効率的にバットスイングを加速することに転化している。

c 体重移動して左脚を踏み込みながら、1〜2までは▲を中心に骨盤が回転する。2で左脚をさらに強く踏み込んで左脚を固定するように動き、2〜4では✖（左股関節）を中心に回転する。体重移動と2までの骨盤の回転運動のエネルギーを、2〜4で効率的にバットスイングを加速することに転化している。

意することが大切であると考えられる。ぎりぎりまでボールを見極め、短い時間でインパクトに向かって力を集中させることが、動いているボールに対してバットスイングをコントロールするために有効であろう。ある選手は、「横向きのままで自分の身体の前をバットスイングが通過するまで回っちゃダメ」と自身の打撃動作を表現していた。"回す"ことは意図しておらず、"結果的に回る"くらいの意識で十分だと言う選手もいる（図26 **b**）。

しかし、優れた長距離打者のなかには腰を大きく回しながら打っている打者もいることが指摘されるであろう。このような打者の打撃動作においても、バットスイングが劇的に加速する局面までは右肘が右腰を追い越すことなく、胴体は向きを大きく変えないまま骨盤から回転しているように見える。あるポイントで左腰の回転が止まり、そこから劇的なバットスイングの加速が起こっているように見える（図26 **c**）。バットスイングがゆっくりと行われるように見えるにも関わらず、バットスイングによってボールが遠くまで運ばれるように飛んでいくような打撃を、野球ファンは目にすることがあるだろう。左腰の回転が止まったところで地面反力を働かせ、"カベ"を作ることによってインパクトのタイミングぎりぎりでバットスイ

ングが劇的に加速しているために、このように見えるのではないだろうか。インパクト直前までボールを見極めながら胴体の角度は変えないままで骨盤の回転に寄り添うようにバットスイングを開始し、インパクト直前に左腰の回転を止め、胴体の回転とともに劇的にバットスイングが加速する。

　いずれのコースのボールを打つかなどによってもこれらの動きには調整が必要であろう。しかし、いずれの動きにせよ、体重移動を投球の方向へと直線的に行い、踏み込みによる地面反力を利用して回転動作を劇的に加速させるというポイントにおいては共通であると考えられるのではなかろうか。

　上肢の筋力などにもよるが、回転動作に入ってから腕の力に頼ってバットスイングを操作できる範囲は限られているために、ぎりぎりのタイミングまで胴体の回転動作に移行しないことがバットスイングをコントロールする上で大切なのではなかろうか。バットスイングが〝カベ〟を効果的に突破していくためには、踏み込みによる地面反力が作る〝カベ〟をいかにコントロールし、回転動作とスイングのタイミングをどのように合わせるかが重要なポイントであると考えることができるだろう。

5）バットスイングの軌道をコントロールする

　強く巧みなバットスイングを評価する際に、〝バットのヘッドが立っている〟ということがしばしば言われる。バットスイング時に、バットのヘッドがグリップの位置に対して高い位置にあるように見えることを指して、文字通り〝バットのヘッドが立つ〟と評価される。バットのヘッドが立って見える打撃動作には、インパクトまでのバットスイングの軌道に特徴があると思われる。この軌道の特徴のひとつは、バットの重心が上体の回転軸から大きく離れることなく、回転軸から近い軌道でインパクトに向かって行くということではないだろうか（**P153写真**）。回転軸に対してバットの重心が離れないようにバットスイングを行うには、バットのヘッドがグリップに対して高い位置、もしくはできるだけ下がらない角度のままでバットスイングを行わなければならない。しかし、実際には先端が重いバットのヘッドがグリップよりも高い位置のままでスイングを行うということはほとんどない（**写真2**）。インパクトに向かってバットのヘッドは下がっていくが、ヘッドが高い位置でバットスイングが加速されると、すでに速度を得ているバットのヘッド部分は、

7 爆発的にパワーを発揮する運動における動作のポイント

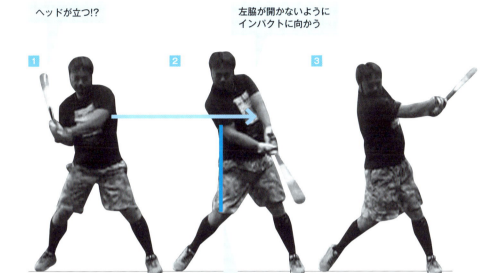

バットは立っているか？

ヘッドが立つ!?　　左脇が開かないように
　　　　　　　　　インパクトに向かう

インパクトまでは右肘が
右腰を追い越さない

その軌道を保ちながらインパクトへと向かっていくために、バットスイングの軌道全体から"ヘッドが立って"見えると考えることができるのではないだろうか。

大振りとドアスイング

　先述したように、効率よくバットスイングを加速させるためには、体重移動から左脚の踏み込みに対して、どのようなタイミングで両腕の動きを合わせるかに留意すべきであろう。右打者であれば、踏み込みに合わせて、踏み込んだ左脚の股関節を軸として回転を開始し、スイングが"カベ"を突破しにいくタイミングまでは右肘が右腰をぎりぎりまで追い越さないように（**写真12**）、右肘と右腰（骨盤の右側）を、左脚による踏み込みのカベに同時にぶつけにいくように動いている。バットスイングが加速する前に右肘が右腰に対して先行してしまうと、右手首は上を向いて

バットのヘッドは下がってしまうために、インパクトへ向かうバットスイングの軌道が大きくなってしまうからではないだろうか。バットの重心が上体の回転軸から近いところで加速し、インパクトに向かって離れていくことがバットスイングを加速させるためにも効果的と言える（角運動量保存則）。バットのヘッドは重いため、スイングの加速前に回転軸から大きく離れてしまうと、インパクトまでのバットスイングの軌道も大きくなり、いわゆる"大振り"や、"ドアスイング"と言われるような動きになってしまうと同時に、バットスイングの操作も困難になるのではなかろうか。また、バットスイングが右腰から胴体の回転に対して遅れやすくなり、"開きが早い"動作も同時に引き起こしてしまう原因となるのではなかろうか。

　右打者の左脇がスイングの加速にともなって開いてしまうことを指摘する際に、"脇を締めろ"という言葉も打撃の指導においてよく聞かれる。引き腕である左腕の力もまたバットスイングの加速に大きく貢献している。"大振り"や"ドアスイング"を避けるために、左腕が胴体から大きく離れないためには、バットスイングが加速するまでは左脇が大きく開かないように動くことが重要なのではないだろうか。インパクトに近づくまではできるだけ左脇が開かないように、前もってそうならないように常にひとつ先の動きを先取りし、できるだけ左肘が上がってこないように注意してバットスイングを踏み込み動作に合わせて行うことが重要ではないだろうか（P153写真2）。

　また、ひとたび"寄せる"動作が終わり投手方向への体重移動が始まれば、投手に対する上体（骨盤・胴体）の角度を変えないように体重移動を行うことが効果的であると考えられる（P143イラスト）。体重移動を行いながら、さらに上体を捕手方向へと回転させ、続く回転動作と反対方向への予備動作が大きくなると"開き"や"大振り"の原因になると考えられる。投球動作同様に、上体の向きを変えずに体重移動を行うことが大切なのではないだろうか。

POINT 6 バットスイングの最大加速局面までは、右肘が右腰に対して先行しないように、また左脇が開かないように動く

バットを扱う

　巧みなバットコントロールを可能にするためには、体重移動や踏み込みによって得られる力を利用して、腕でバットを操作する距離をできるだけ短くすることが大切ではなかろうか。上肢の筋力の違いにもよるが、先端（ヘッド）の重いバットをスイングするために、上肢の力による操作は限られているからである。打撃動作において、パフォーマンスの向上と傷害予防を両立させるためには、短い時間のなかでSSC運動（P91）による弾性エネルギーを利用することが有効である。そのためには短い距離でバットスイングを加速させることが重要であろう。ただし、短い距離と言っても、構えた位置からインパクトまでの最短距離を意味するわけではない。スイングの適切な長さを決める要素は多様であるが、以下のようなものが代表的な要素として考えられる。

① 地面反力による〝カベ〟を突破するまでに、バットスイングを目的に応じて一定以上に加速させるための距離があること。
② バットとボールがコンタクトするための適切なスイング軌道を確保するために必要な距離であること。
③ 個人の持つ筋力をはじめとした生理的・解剖的身体条件と合致していること。
④ 長距離打者、アベレージ打者など、個人の目的とする打撃技術と合致していること。

　筋力の優れた選手であれば、バットをコントロールできる範囲でスイングの軌道の大きさを求めることは可能であろう。また、その強い筋力を利用して、短い距離でバットスイングを加速するための軌道を模索することも可能となるのではないだろうか。一方、筋力に劣れば、スイングの軌道を最もコントロールしやすい距離に選択してくことが適切ではなかろうか。これらは、どちらがより効果的かを決めるのではなく、個人の特性に配慮して、その選手にとってどちらがより打者としての能力を発揮できるかについて、実践を通して選択され習得されていくべきものであると考えられる。

　いずれにしても、目的としているようなスイングの軌道を確保するためには、体重移動と踏み込み、続いて起こる回転動作に対して、バットスイングが〝カベ〟を突破するまでの上肢の動きをどのように合わせるかが大切ではないだろうか。投球

動作における腕のスイングと同様に、インパクトに向かって踏み込みによる"カベ"を突破して行くと、バットを腕で振りに行きながらも、振るのではなく"振られる"、または、"思ったよりも加速する"ようにして爆発的に加速するのではなかろうか。選手たちがしばしば"ヘッドが抜ける"という表現をするのは、このような現象を表現しているのであろう。したがって、腕で目一杯バットを振ろうとするのではなく、バットスイングを的確にコントロールしつつ、"カベ"を突破させて効果的な加速を起こすような腕の使い方、バットの扱い方を身につけることが打撃動作においては効果的であると考えることができよう。

道具の特性

打撃動作において、体重移動から左脚を踏み込み、続いて起こるスイング動作まで、全身の運動を同調させるためには、道具（バット）の特性を考慮すべきであろう。巧みなアベレージヒッターの中には打撃をテニスのストロークに例えて説明する選手がいる。テニスのラケットのヘッドがスイング時に立っている様子と比較して、"バットのヘッドが立つ"と言われるバットスイングとの類似性を説明しようとする。両者は非常に似ているようにも見えるが、テニスのストロークのように、野球のバットに比べて先端が軽いラケットをスイングする場合と、先端が重いバットをスイングする場合とでは、見た目には似たような動作だが、実際に行う運動形態は大きく異なる。

元日本ランキング上位のテニスコーチが、ゆっくりとしたワンバウンドのテニスボールを、野球のバットを使ってテニスのストロークの動きで打ち返すように試みたところ、最初の数球は全くバットに当たりもしなかった。数球試みた後に、少し当たるようになったが、動きは全く異なるものとなり、バットをテニスラケットのようにコントロールすることはできなかった。ところがバットを逆さにもって、グリップ側で打ち返すと、細いバットのグリップ部分で1球目から見事にテニスのストローク同様にボールをとらえていた。先端の軽い道具であれば、テニスのストロークと似たような運動プログラムで運動を遂行することが可能になったと言えるであろう。

これは、見た目には似た運動でも、道具の性質が異なれば運動プログラムも異なることを表す事例のひとつと言える。各種の打撃スポーツにおいては道具が使われるが、道具の特性をよく理解せず見た目の動きだけで何かを参考にしようとすると落とし穴がある場合がある。道具の特性を良く理解することは、それぞれの運動形態を理解するための一助ともなろう。

6）打撃動作と傷害との関係

　骨盤および胴体の回転を大きく先行させてバットスイングを行うことは、投球動作と同様に、遠くへボールを飛ばすことだけを目的とする場合には利点があろう。目一杯に体幹部や上肢の筋や腱を伸張させ、SSC運動（P91）による弾性エネルギーをできるだけ大きく利用してバットスイングを行えば、バットスイングのトップスピードを上げることが可能となるからである。例えば、ストレートを狙っていた打者が、スライダーなどのような少し速度の遅い投球にタイミングがズレてしまい、結果的に遅れて出てきたバットが大きな軌道でボールを打ち返して長打になるということが実践においても見られる。このような対応は実戦的には非常に有効だが、普段からこのようなスイングを行うことは、いわゆる"大振り"になり、踏み込んでからバットスイングがインパクトに達するまでの時間が長くなってしまうため、バットを巧みに操作することや、ボールをできるだけ長く見極めてからバットスイングを行うためには有利とは言えない可能性がある。

　また、このような打撃動作は傷害の直接的な原因にもなりうる。体幹部を大きく伸張させた状態から強く短縮させると、腹斜筋群の傷害の原因となる可能性がある。また、上体（骨盤および胴体）の回転動作に対してバットが大きく遅れて出てくるようなスイングでは、短い時間で大きく手首を返すことが強いられる。手首の動きを大きく使ったバットスイングは、三角線維軟骨複合体（Triangular Fibrocartilage Complex：TFCC）損傷や有鉤骨損傷などに代表されるような、手首周辺の傷害の直接的な原因になりうることにも留意すべきであろう。

　このように、上体の筋群を大きく伸張させて力を発揮するように動くことにより、運動中の体幹部や上肢の筋群のSSC運動への比重を大きくすることは、傷害のリスクを高める可能性があろう。下肢から体幹部、上肢へと続く全身的なSSC運動の連鎖が効果的に起こる動作が爆発的に力を発揮するために有効と言えるのではないだろうか。

7）打撃動作のまとめ

　打撃動作を考える際に、打者（打撃）のタイプに関わらず押さえるべき課題として以下のようなことが考えられる（右打者の場合）。

① 体重移動は右脚が地面を押すことによって投手方向にコントロールされているか。(P139写真**1**〜**5**)
② 投手方向に対して水平方向に近い直線的な体重移動を行っているか（写真**2**〜**5**）。
③ 適切な左脚の踏み込みによって地面反力を獲得できているか（写真**6**〜**9**）。
④ 打撃動作全体の回転軸から近い距離、すなわち身体と近い距離でバットスイングが加速しているか（写真**6**〜**8**）。
⑤ 地面反力による〝カベ〟により、上体からバットスイング動作へと続く回転動作の支点として左股関節をしっかりと固定できているか（写真**6**〜**8**）。
⑥ バットスイングが地面反力による〝カベ〟を突破するように、骨盤および胴体の回転動作とスイング動作が行われているか（写真**6**〜**9**）。

　これらの項目は、投球動作と同様に、ひとつひとつ独立したものではなく、それぞれが必ず続いて起こる動作に対して意味を持つ。①と②が適切に行われてこそ③が達成されやすくなり、④〜⑥も①〜③が適切に行われてこそ、一連の技術として達成しやすくなる。それぞれの要素が他の要素と絡み合いながら打撃動作としてのまとまりを持つのである。

　投球動作でも述べたように、下肢で行われる体重移動から上肢の動きまで、それぞれが続いたり重なったりしながら首尾よく機能したときに、投球動作としてひとつのまとまりを持つ動作になる。打撃動作においても、体重移動からバットスイングまでのそれぞれの動作は、次の局面への予備的な動作であり、時間的・空間的な予測のもとで続いて起こる動作を先取りしながら遂行される。これによって効果的な動作が可能となると同時に、中心から末梢へと連続するSSCの連鎖による爆発的な力の発揮が行われているのである。

　打撃動作を一連の運動としてとらえて説明することを試みてきたが、打撃は投球に対応して変化する。打撃動作において爆発的に力を発揮するための動きを身につけると同時に、多種多様な投球に対して、フルスイングではなくとも力を爆発的に発揮できる能力もまた重要であろう。多様な状況に応じて力を爆発的に発揮し、バットとボールの的確なコンタクトの確率を上げるために、体重移動に続いて左脚を踏み込みながら、バットスイングを効果的に加速させる動きを考えることが大切ではなかろうか。また、打撃動作における力の発揮がどのように行われるかを考え、

トレーニングの目的や方法を考えることが大切ではなかろうか。

　ここまで投球動作と打撃動作について考えてきたが、いずれもこれが投打の動きのスタンダードであるということを明確にしようとしてきたわけではない。トレーニングを進めていく上で参考になると考えられる投打の動きのポイントと、個人の身体的または技術的特徴をとくに考慮せずに、運動の原則を背景にして説明することを試みてきた。運動技術には原則を背景に習得されるべき側面と、個人の特徴によって原則のどの部分を強調するか、または原則からどれくらい外れながらも動きの全体的な調和をとるか、これらの試行錯誤によって習得されるべき側面があると考えている。

8 爆発的な力発揮に効果的な動きを習得するためのトレーニング手段

　ここまでに、爆発的な力発揮を伴う基礎的な運動としての跳躍運動、また、野球技術のなかで最も代表的な爆発的な力発揮をともなう投打の運動について考えてきた。これらの運動は、全て下肢による力の発揮が土台となっていることに疑いの余地はないであろう。

　ここからは、野球のための体力トレーニング方法をくまなく書き出すのではなく、土台となる下肢のトレーニング手段と、下肢から上肢を介して力を発揮するトレーニング手段のなかで基礎的なものをいくつか紹介していきたい。これらの手段さえ行えば、野球に必要な体力トレーニングは十分であるというものではない。上半身の筋力トレーニング、各種の体幹トレーニング、肩・肘の関節機能を向上させるためのトレーニング、その他の関節機能を向上させるためのトレーニング、ランニングなど、いわゆる〝体力トレーニング〟として行われるトレーニング手段は多岐にわたる。野球のパフォーマンスを向上させるためのトレーニング手段であるにも関わらず、体幹部や上肢の強化、肩・肘のトレーニング手段に関する説明を省くことには異論もあろう。これらについては詳細にわたり説明している書も多く、他書を参考にしていただきたい。筆者自身も様々な方法のなかから、目的に応じて長く使えるものを採用して選手指導に活用している。多くの情報のなかから、何をどのように使うかということについては指導者の手腕を問われるところであろう。なお、チーム全体の体力トレーニング計画、個人の体力トレーニング計画については第9章を参考にしていただきたい。

　ここから説明するウェイトトレーニング手段やフィールド上で行われるトレーニング手段のひとつひとつは、運動技術を習得していくための技術トレーニング手段でもある。また、動作の留意点を説明するために有効と思われる最も基礎的な手段

を選択して紹介している。体力トレーニングのなかで、野球における運動技術の根幹を支える、爆発的な力の発揮の仕方や身のこなしを習得するために、動作の留意点をできるだけ明確にすることを心がけて、基礎となるトレーニング手段について説明していきたい（P162図27）。なお、フィールドで行う跳躍運動については前章の跳躍動作ですでに説明したので、それらをトレーニング手段として参考にしていただきたい。

　一般的な手段から野球の技術と関連づけた動きを用いるトレーニング手段まで、効果的に力を発揮するために有効と思われるトレーニング手段を、"何を（What）、どのように（How）"行うか、動きへの理解を深めることに焦点を当てて説明していきたい。

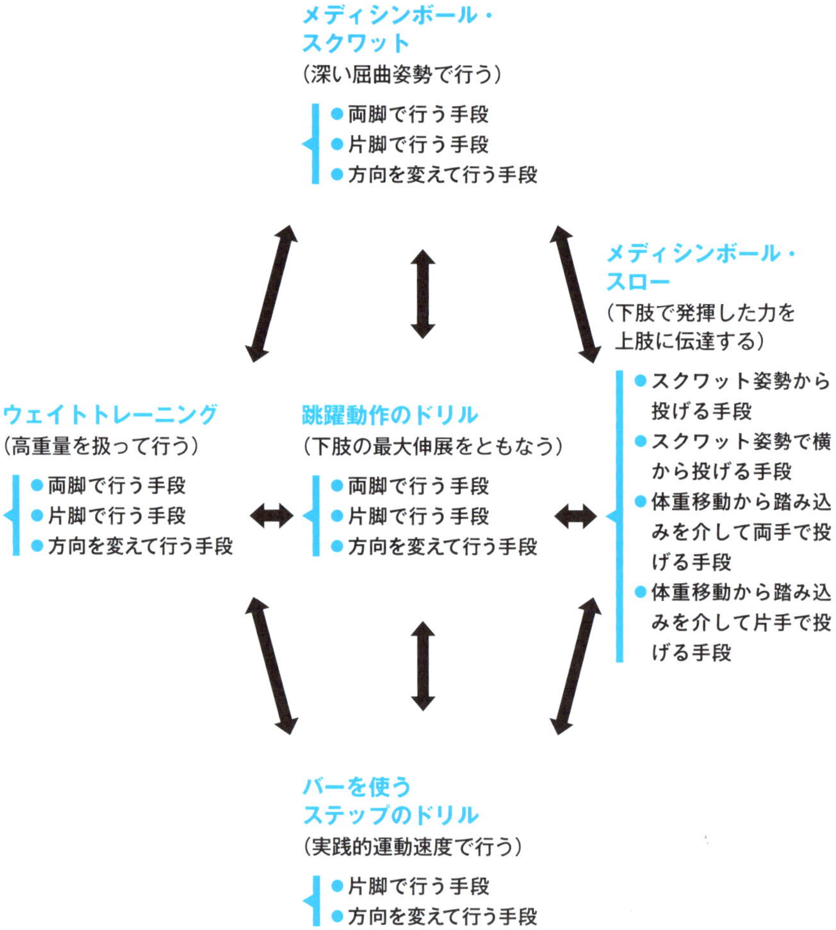

```
                    メディシンボール・
                    スクワット
                    （深い屈曲姿勢で行う）
                      ●両脚で行う手段
                      ●片脚で行う手段
                      ●方向を変えて行う手段

                         ↕                メディシンボール・
         ↕                        ↕       スロー
                                          （下肢で発揮した力を
                                            上肢に伝達する）
                                            ●スクワット姿勢から
  ウェイトトレーニング    跳躍動作のドリル        投げる手段
  （高重量を扱って行う）   （下肢の最大伸展をともなう）  ●スクワット姿勢で横
                                              から投げる手段
    ●両脚で行う手段       ●両脚で行う手段      ●体重移動から踏み込
    ●片脚で行う手段  ↔   ●片脚で行う手段  ↔    みを介して両手で投
    ●方向を変えて行う手段   ●方向を変えて行う手段    げる手段
                                            ●体重移動から踏み込
         ↕                ↕         ↕       みを介して片手で投
                                              げる手段

                    バーを使う
                    ステップのドリル
                    （実践的運動速度で行う）
                      ●片脚で行う手段
                      ●方向を変えて行う手段
```

図27　本項で紹介するトレーニング手段

1　ウェイトトレーニング種目における共通の注意事項

目的とした動きで行うことを優先する

多くの選手がより重い重量を扱うことに意識が偏る。野球選手や多くのアスリートにとって、ウェイトトレーニングの最大の目的はより高重量を扱うことではない。目的とする合理的な動きでより大きな力を発揮し、より高い筋力を獲得することである。反動動作や非合理的な動作をともなうことによってより重い重量を扱うことは不可能ではないが、合理的な動きでより重い重量を扱えるようになることがウェイトトレーニングの目的と言える。

したがって、常に合理的な動きを明確にしてトレーニングを行っているかを確認しながら行わなければならない。ねらいとする動きができない場合には、重量を調整したり、補助を使ったりしながら、ねらいとした動作に近づけることを優先すべきであろう。動作がある程度習熟しているトレーニング種目を中心に、より高い負荷で筋力向上のためのウェイトトレーニングを行うべきであろう。

運動のリズム・タイミングを重視する

下半身をバネとして効果的に機能させるために重要なのは運動のリズム・タイミングである。例えばスクワットであれば、最下点（写真4）まで到達してから伸展

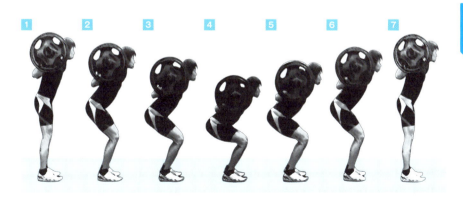

を始めるのではなく、屈曲しながらタイミングを計り、最下点に到達する直前、写真3（P163）の屈曲の最終局面においては、すでに伸展に向かう意識で切り換えすことが、より大きなSSC（Stretch-Shortening Cycle＝伸張短縮サイクル）運動の効果を引き出すためには重要である。"1（イチ）"で下げて"2（ニ）"で上げる"イチ／ニ…イチ／ニ…"というようなリズムで行うのではなく、屈曲時には切り換えしの最下点に到達するタイミングを計りながら"1（イチ）！"で上げる、"イチ！…イチ！…イチ！"というように、"一発で切り換えす"意識を強調して行うと良い。屈曲動作（下げる動作）と伸展動作（上げる動作）はバラバラではなく、ひとつのまとまりを持った動きのなかで行われるように意識すると良い。写真3（P163）の時点では"イチ！"で思い切り伸展に向かう意識で行うことにより、実際にはまだ屈曲が終わっていないが伸展に向かって動こうとする局面、すなわち筋腱複合体の強制的な伸張局面を作り出すように動くことができ、それによってより効果的にSSCによる弾性エネルギーを利用して短縮に移行することができる。切り換えしの局面において、"下げてから上げる"のではなく、"下げながら上げる"意識で動くよう習慣づけることが重要である。

　スクワットにおける屈曲動作は、屈曲筋群が発揮する張力によって支えられているのではなく、おもに股関節と膝関節の伸展筋群の伸張性収縮によって支えられている。これらの伸筋群が短縮性収縮へと移行したときに伸展動作が起こっているのである。言い換えれば、屈曲時にも伸展時にも、筋収縮により張力を発揮しているのはおもに下肢三関節の伸筋群である。スクワットのように上下方向の運動ではなくても、地面を踏み込むことによって爆発的に力を発揮するあらゆる運動においては、屈曲から伸展へと向かう切り換えし局面の流れのなかでは、"屈曲してから伸展する"のではなく、"屈曲しながら伸展に向かう"意識で行うと良い。伸筋群の力の発揮度合いを運動の局面に合わせてコントロールすることにより、屈曲から伸展のタイミングをつかみ、運動全体のリズムを習得することを心がけることが大切である。

上半身の
ウェイトトレーニング

　本書では、上半身のウェイトトレーニングについては紹介をしていないが、前述したことは上半身のウェイトトレーニングにおいても同じである。動作を重視し、合理的な動きでトレーニングを行うことが大切である。また、切り換えしの局面でSSCによる弾性エネルギーを有効に引き出すために、切り換えしを強調して行う運動のリズム・タイミングをつかむことは、高重量を扱う全てのウェイトトレーニングにおいて同じである。目的に則して筋力を向上させるだけでなく、効果的に力を発揮するための動作の基礎とリズム・タイミングを習得することがウェイトトレーニングにおいてはとくに重要である。

　一方、上半身のウェイトトレーニングのなかで、背部のトレーニング種目はおもにプル（引く）動作である。下半身のトレーニング種目においてもレッグカールなどはプル動作である。プル動作によるトレーニングにおいては、伸展から屈曲へと動作が進行しながら力を発揮する。これらの種目においても、切り換えしの局面では〝伸ばしてから曲げる〞のではなく、それぞれの運動における適切な可動域のなかで、〝伸ばしながら曲げに行く〞意識を持って行うことが大切である。

2　下肢の基礎的なウェイトトレーニング手段

ここでは、上下、前後、左右方向の下肢の適切な屈曲・伸展動作の習得と、筋力向上をねらいとする基礎的な手段を紹介したい。

1）ハーフスクワット

ハーフスクワットは、下半身のウェイトトレーニングのなかでおそらく最も一般的に行われているトレーニング手段である。多くのアスリートが慣れ親しんでいる手段においても、漠然と重量と回数を設定してトレーニングを行うのではなく、どのような動きで行うかを明確にすることが大切である。

> ねらい
> ① 股関節と膝関節を中心とした下肢の伸筋群の筋力を向上させる。
> ② 下肢三関節（股関節、膝関節、足関節）を適切に屈曲・伸展させることにより、伸展時に効果的に大きな力を発揮するための動作を身につける。

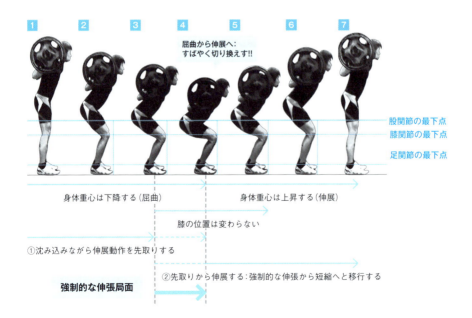

■ 動き方のポイント（P166写真）

- 1～4　適切な屈曲姿勢（P100図12・13）へと沈み込む。
- 1～3　膝関節の中心が下肢三関節の屈曲と同時に下降しながら前方へ動く。
- 3　　　膝関節の中心の位置を変えないようにして、身体重心は4まで下降し続ける。このとき、3の時点では見た目の屈曲動作は終わっていないが、伸展動作を先取りする意識ですばやく力強く切り換える。
- 4～5　膝関節の中心の位置を変えないまま、身体重心は上昇し始める。
- 4～7　股関節→膝関節→足関節の伸展の連鎖が起こる。

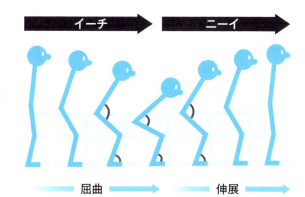

図28　スクワットにおける屈曲・伸展のリズム

屈曲動作が終わってから伸展動作に入るという意識で屈曲から伸展へと切り換えると、強制的な伸張が得られないために効率的な伸張短縮サイクルによる効果は得られない。運動全体のなかで正しいリズムや流れをつかむことが重要である。

膝関節が外反（b）せずに、下肢三関節が発揮する力の方向が一致（a）するように屈曲・伸展を行う（P107も参照）

■ **確認事項**

① 下肢三関節は適切な屈曲姿勢から伸展へと移行しているか。
② 屈曲から伸展の切り換えし動作を先取りする意識で強調し、素早く力強く行えているか（P167図28）。
③ 膝関節が内反・外反することなく、下肢三関節が発揮する力の方向が一致しているか（P167写真）。

下肢三関節の基本動作

ハーフスクワットの動きは、速度は異なるが両脚での垂直方向の跳躍（P108図16）の接地時の動作と酷似している（図29）。スクワットにおいても跳躍運動と同様に、伸展動作を先取りする意識が、短い時間で大きな力を発揮するためには不可欠である。垂直方向への跳躍動作とハーフスクワットの２つの運動を基にして、片脚支持にしたり、方向を変えたり、運動の速度や重量を変えたりするなど、下肢のウェイトトレーニングやドリルに応用するように心がけていくと、様々な動作における下肢三関節のふるまいを理解しやすくなる。

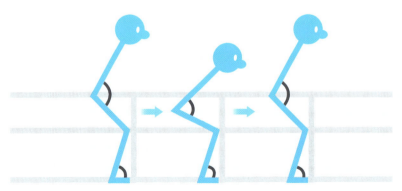

図29 スクワット、ジャンプなどの切り換えしの局面における股関節の屈曲・伸展を起点とした切り換えし動作

膝から下の下腿部は動かないため、足関節の屈曲角度は変化しないまま、股関節は屈曲から伸展へと移行する。膝関節は股関節の屈曲伸展に同調して屈曲から伸展へと移行することによって、中心から末梢への連鎖を可能にする

2）シングルレッグスクワット

多くの運動は片脚支持で行われる。片脚支持で行われる体重移動から接地動作、跳躍動作などの運動は、身体重心を支持側に寄せ、支持脚の三関節を効果的に機能させるように動くことが求められる。したがって、片脚で行うスクワットにおいては、両脚のスクワットで学習したことを押さえつつ、片脚支持で運動を行うために効果的な動作の基礎を学習することが目的となる。片脚のスクワットは、両脚のスクワットに比較して低重量で大きな負荷をかけることが可能であり、脊柱などにかかる負荷を抑えることができるために、トレーニングによる腰背部の傷害に陥るリスクも軽減することができる。選手の特性をふまえ、より高重量で行われる両脚のスクワットと、どのような割合でトレーニングを行うかを考慮することが大切である。

> **ねらい**
> ① 股関節と膝関節を中心とした下肢の伸筋群の筋力を向上させる。
> ② 片脚支持における下肢三関節の効果的な屈曲伸展動作を、基礎的な上下方向の運動で学習する。

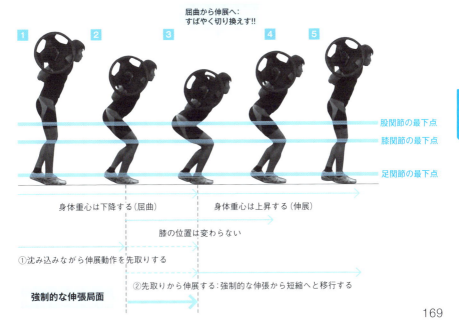

下肢三関節が発揮する力の方向が一致している / 膝関節が外反し、下肢三関節が発揮する力の方向が一致していない

非支持脚を浮かしたままで完全に片脚荷重で行うことも可能だが、横に長く、両先端が重いバーベルを背負って片脚支持でバランスをとることは容易ではない。ここでは、上下方向の動きを明確にすることと、筋力強化の目的を両立しやすいように、非支持脚を軽く地面において行う方法を紹介している。後方にボックスを用意して非支持脚を置いて行う方法などもあるが、いずれの方法においても、身体重心を支持脚側に十分に寄せて、非支持脚の伸展力をできる限り使わないように留意する。

図30　片脚支持での屈曲姿勢

■ 動き方のポイント（P169写真）

1		身体重心を支持側に寄せ、三関節が発揮する力の方向を一致させる。
1 2		膝関節の中心が下肢三関節の屈曲と同時に下降しながら前方へ移動する。
2 3		膝関節の中心は位置を変えないまま身体重心は 3 まで下降し続ける。
2～4		2 の時点では伸展の動きを先取りし、3 4 にかけてすばやく力強く切り換えす。
3～5		4 までは膝関節の中心の位置は動かず、股関節の伸展を起点に下肢三関節の伸展の連鎖が起こる。

■ 確認事項

① 下肢三関節は適切な屈曲姿勢（P100）から伸展へと移行しているか。
② 動作を先取りする意識で屈曲から伸展の切り換えしを強調し、リズムよく力強く行っているか。
③ 膝関節が内反・外反することなく三関節が発揮する力の方向が一致しているか。
④ 動作が引き出しづらいときには片脚支持の屈曲姿勢を十分に確認し、自体重のみ、またはバーの動きが固定されているスミスマシン（P173写真）を利用して適切な動きを身につける。
⑤ 片脚支持の運動においては、高重量を扱う場合にはとくに動きが崩れやすいため、適切な動きで行える重量を選択すること。

片脚で地面をとらえる

これまでの実践指導において、片脚支持になると、下肢三関節による力の発揮を制御できない選手がほとんどであった。最も頻繁に見られる動作の欠点は膝が内側に向かって屈曲する動作であった。効果的な力発揮のための屈曲姿勢で、シングルレッグスクワットをはじめとする片脚支持の運動を行うためには、身体重心を意図的に支持側に寄せるよう意識し、下肢三関節が力を発揮する方向が一定していることが有効である（P170図30）。このとき、同時に膝関節をやや外側に寄せる、または外転させるような意識を持つと、下肢三関節が地面に対して発揮する力の方向を一致させやすい。先述した通り（P118）、バネは上から重さがかかることによってバネとして機能する。したがって、身体重心が支持側に適切に寄っていなければ、下肢三関節をバネとして働かせるための屈曲姿勢をとることはできない。野球に限らず、多くのスポーツにおける爆発的な力発揮は左右非対称に行われ、左右どちらかの脚に荷重して行われることからも、片脚支持での運動において、ねらいとする動きを明確にしてトレーニングを進めることが重要である。

3）ディープスクワット

下肢三関節の屈曲から伸展の切り換えしの局面を、各種のスクワットや跳躍などのダイナミックな運動で引き出すことは選手によっては容易ではない。深い屈曲姿勢で切り換えしの動作を強調して行うディープスクワットでは、バーの動きが垂直方向に固定されているスミスマシンを利用して、下肢三関節の屈曲から伸展への切り換えしの局面を比較的容易に引き出すことができる。深い屈曲姿勢で、股関節の動きを起点に膝関節を同調させて屈曲から伸展を強調して行うことで、下肢三関節の屈曲から伸展への切り換えしの動作を習得するための一助となろう。

> **ねらい**
> 股関節の屈曲から伸展の動きを強調して反復することによって、下肢の"バネ"を利かせるための動きを引き出す。

8 爆発的な力発揮に効果的な動きを習得するためのトレーニング手段

■ 動き方のポイント（写真）

> 1 　下肢三関節はあらかじめ深い屈曲姿勢をとり、身体重心は少し前に出し足指でしっかりと地面をつかめる姿勢をとる。
>
> 2 　足指で地面をつかみ、膝関節から下の下腿部のポジションを固定させたままでさらに深く沈み込む。この時点で見た目の屈曲動作は終わっていないが、伸展を先取りする意識ですばやく切り換えす。
>
> 2〜4 　最大屈曲姿勢は 3 である。 2 の時点では伸展に向かう意識で強制的な伸張局面から伸展へと切り換えす。
>
> 4 5 　下腿部は動かさないようにして元のポジションまで戻る。運動をとおして、足関節の見た目の動きはなく、股関節と膝関節の屈曲・伸展動作をリズム良く跳ねるように行う。
>
> a 　身体重心を支持脚方向に寄せ、下肢三関節が発揮する力の方向を一致させる。
>
> b 　膝関節の外反が起こりやすいので留意する。
>
> c 　動きが引き出しにくい場合には、身体重心を支持脚方向に大胆に寄せることで下肢三関節が発揮する力の方向を一致させる意識をより強調して行う。

■ 確認事項

① 膝関節の中心から下（下腿部）が大きく動いていないか。
② 膝関節が内反せずに、下肢三関節が発揮する力の方向が一致するように動いているか。
③ 伸展を先取りする意識を強調して、運動全体をリズム良く行っているか。

深い屈曲姿勢での"バネ"

　各個人が持つ生理・解剖学的な特性が異なるために、潜在的に発揮できる"バネ"の強さは個人によって大きく異なる。しかし、それらの身体特性に関わらず、"バネ"の引き出し方そのものに対する意識が希薄な選手も多く見られる。ディープスクワットでは、深い屈曲姿勢で下腿部を動かさずに行うことによって切り換えしのリズム・タイミングをつかみ、小さな動きではあるがリズム良く動くことによって、比較的"バネ"を引き出しやすい。ディープスクワットで切り換えし動作を学習し、よりダイナミックに動くスクワット種目へと応用していくことが、爆発的な力発揮や、いわゆる"身のこなしの良さ"を身につけていくためのきっかけとなろう。

4）ボックスランジ

　ここまで紹介した下肢のウェイトトレーニング種目は、垂直方向に力を発揮するトレーニング手段である。ボックスランジは前方に踏み込みながら力を発揮するトレーニング手段である。前方へ移動する際に体重移動によって発生する力と、踏み込みによって生まれる地面反力の"カベ"を作る動作を学習する。ボックスを利用することで、床に踏み込んで行う通常のランジに比べ、前方に踏み込みながら地面反力による"カベ"を作るための下肢三関節の適切な屈曲姿勢と踏み込みの動きを比較的学習しやすい手段である。

> 狙い
> ① 股関節と膝関節の伸筋群を中心とした下肢の伸筋群の筋力を向上させる。
> ② 前方への踏み込み動作における下肢三関節の効果的な屈曲伸展動作を学習する。

8 爆発的な力発揮に効果的な動きを習得するためのトレーニング手段

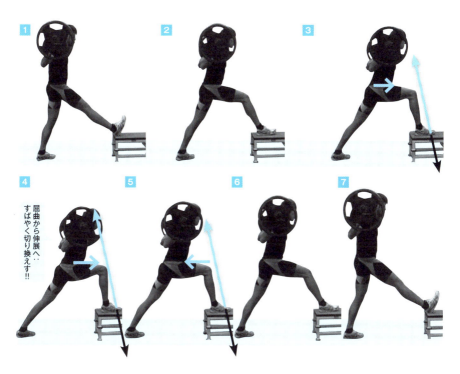

■ 動き方のポイント（写真）

1. 後ろ脚から前脚へと身体重心を移動して行く。
2. 膝と股関節を屈曲しながらボックスを踏み込みに行く。
3. 踏み込みに行くと同時に膝関節の位置はほとんど固定される。この時点で見た目の屈曲動作は終わっていないが、伸展動作を先取りする意識ですばやく切り換えす。
4. 踏み込みに行きながらさらに股関節を深く屈曲させ力強く踏み込みつつ素早く切り換えす。地面反力による"カベ"にぶつかるようにして切り換えす。
5. 股関節の屈曲から伸展への切り換えしを起点にして、膝関節から足関節へと伸展の連鎖が起こる。
3～5 切り換えしの局面で膝関節の中心の位置はほとんど動かない。
6～7 もとのポジションまで戻る。

■ 動き方のポイント（写真）

- a 膝の屈曲が深すぎると強く踏み込むことができない。
- b 前後の動きでは、腰椎が大きく前彎し、腹部が前に反り出す動きがとくに出やすいので留意する。
- c d 踏み込み姿勢では身体重心を支持脚に寄せ、膝関節が外反せずに、下肢三関節が発揮する力の方向が揃うように留意する。

■ 確認事項

① 下肢三関節は適切な屈曲姿勢から伸展へと移行しているか。
② 先取りする意識で屈曲から伸展の切り換えしを強調し、リズム良く力強く行っているか。
③ 踏み込み時に身体重心を支持脚に寄せ、膝関節が内反・外反することなく三関節が発揮する力の方向が一致しているか。
④ 膝が前方に移動しすぎていないか。
⑤ ボックスが動いたり、ボックスの上で足を滑らせたりしないように注意しているか。

"カベ"を作る

　ボックスランジのような前後方向の運動では、垂直方向の運動に比べて前方への移動距離が大きいために、前方に行く動きと踏み込んで戻る動きによって、"カベ"にぶつかるように動くことを明確に動きのなかで学習しやすい。野球における各種のスローイングにおいて、踏み込み時に地面反力によって発生する"カベ"については先述した（P126～129）。ボックスランジは前方への踏み込み動作から地面反力による"カベ"を作る動作を引き出しやすいトレーニング手段である。"カベ"を作り、前方への移動と踏み込みによる力を反発させる運動感覚を身につけるための基礎的な手段として参考にしてもらいたい。

5）ラテラルボックスランジ

　運動全体の流れはボックスランジと同様である。打撃や守備における踏み込みや切り換えしの方向は、横方向や斜め方向など様々である。方向を変えて踏み込む筋力トレーニングを通して、様々な方向で〝カベ〟を作ることを学習することができるトレーニング手段である。

> **ねらい**
> ① 股関節と膝関節の伸筋群を中心とした下肢の伸筋群の筋力を向上させる。
> ② 横方向への踏み込み動作における下肢三関節の効果的な屈曲伸展動作を学習する。

■ 動き方のポイント（P179 写真）

1 2	接地している脚に身体重心を乗せて立ち、反対脚に身体重心を寄せに行く。
3 4	**4**で身体重心の最下点になるが、**3**の時点で伸展を先取りする意識で踏み込む。
4 5	地面反力による〝カベ〟にぶつけるように切り換えし伸展する。
6 7	地面を踏み込み続けて最初のポジションに戻る。運動を通して上半身が正面を向いたままで行う。
a	踏み込む方向に関わらず、膝関節の正面から見ると下肢三関節が発揮する力の方向が一致するように動く。
b c	正面から見て、上半身が地面に対して垂直に立った姿勢で踏み込みに行く。

8 爆発的な力発揮に効果的な動きを習得するためのトレーニング手段

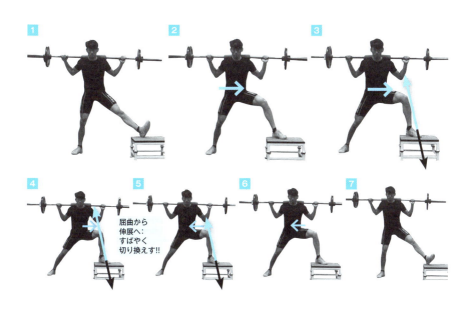

■ **確認事項**

① 下肢三関節は適切な屈曲姿勢から伸展へと移行しているか。
② 動作を先取りする意識で屈曲から伸展の切り換えしを強調し、リズム良く力強く行っているか。
③ 踏み込み時に下肢三関節が発揮する力の方向が一致しているか。
④ 運動全体を通して上半身が正面を向いた姿勢で行っているか。
⑤ 運動全体を通して、正面から見て上半身が地面に対して垂直方向に保たれているか。
⑥ ボックスが動いたり、ボックスの上で足を滑らせたりしないように十分に注意しているか。

横方向のカベ

打撃における踏み込み動作は横方向に行われる。ラテラルボックスランジでは、前方向に行うボックスランジと同様に、横に行く動きと踏み込んで戻る動きがぶつかりあって〝カベ〟を作る感覚をつかみやすい。斜め方向に角度を変えて、様々な方向で踏み込む動作を習得していくことも有効である。片脚支持の運動としては比較的高重量を扱うことができるが、高重量で行うことを目的とせず、深い屈曲角度で行える重量と並行して行っていくことが望ましい。

3　動きの修正・改善をおもな目的として行う手段

　ここでは、動きの修正・改善をおもな目的として行う基礎的なトレーニング手段を紹介する。実践的な運動速度で様々な動きのポイントを押さえ、効果的に力を発揮するための運動技術全般を学習する機会を作ることを目的とし、メディシンボールや比較的軽いバーを使い、フィールドで手軽に行うことができる。運動強度や量（反復回数）にとらわれすぎず、ねらいとする動作が行われているか、またはそこに近づいているか、などに留意して行うことが大切である。

1）メディシンボールを使った深いスクワット

　ここまで下肢三関節をバネのように機能させるための動きと、ウェイトトレーニング手段において効果的に下肢三関節が力を発揮するための動きについて考えてきた。これらの運動においては、効果的な力の発揮のために股関節から膝関節、足関節へと続く伸展の連鎖が起こる。効果的な伸展動作へと移行するために、膝から下の下腿部が固定されたようにほとんど動かず、股関節の屈曲から伸展が起点となって下肢三関節が屈曲から伸展へと切り換えされている点について、これまで示した各運動で触れてきた。ウェイトトレーニングの項で、この切り換えしの局面の動きを特定的に取り出して反復し、習得することを目的として行うディープスクワットを紹介したが（P172）、フィールドで行うことができる類似した動きのトレーニングとして、メディシンボールを利用したドリルを紹介する。

　下肢は深い屈曲動作を保ち、リズムよく小さな上下運動を繰り返し、下肢の伸展力を利用してボールを投げ返す。様々な方向やステップで行うことができるが、ここでは脚を接地したまま両脚支持で行う最も基礎となる手段を紹介する。

> ねらい
> ① 深い屈曲姿勢で〝バネ〟を利かせるための動作を身につける。
> ② 屈曲から伸展への切り換えしの動作を学習し、より大きな動き（スクワット、ジャンプなどから野球技術における踏み込み動作まで）で〝バネ〟を利かせるための動きを習得するための手がかりをつかむ。

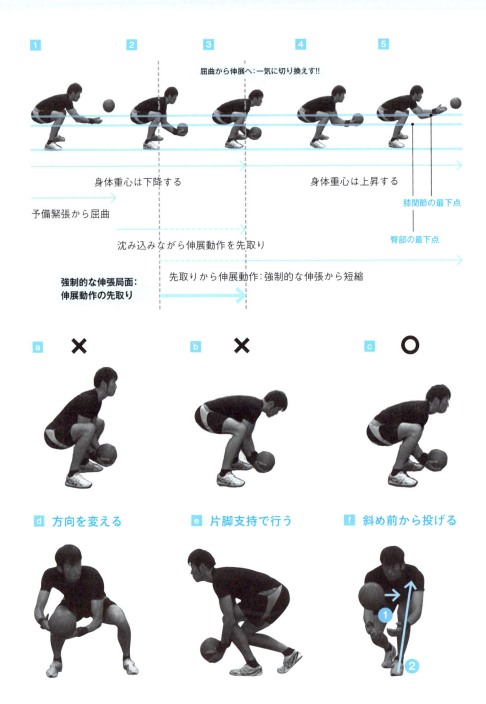

■ 動き方のポイント（P182写真）

1 2	ボールをよび込むように沈み込みながらキャッチする。
2 3	両脚の踏み込みによって生まれる力が上体、上肢へと伝わるように強く地面を踏み込む意識ですばやく屈曲から伸展へと切り換えす。
2～4	ボールをキャッチして沈み込んでから投げ返すのではなく、ボールをキャッチする前から予備的に下肢を適度に緊張させ、キャッチした際に適度にバネがつぶされながら力強く伸展へと移行するように動く。伸展を先取りするタイミングと同時に体幹部も力を発揮する。
5	下肢の"バネ"を利用して、腕の力に頼りすぎることなくボールを勢いよく投げ返す。腕の力に頼りすぎず、ボールをよび込みながら下肢の踏み込みと投げ返す動きをリズムよく同調させる。
a b	上体を起こしすぎたりお辞儀をするような姿勢になると、下肢三関節の伸筋群を有効に使うことはできない。
c	動きをより引き出しやすくするために、やや前に身体重心を出し、下肢三関節が力を発揮しやすい身体のポジションを学習する。
d～f	小さくジャンプしながら屈曲と伸展のリズムのなかで強調すべきポイントを探したり、方向を変えるなど、動きに変化をつける。
d	方向を変えて行う際はボールがくる方向に身体重心を寄せながら地面を踏み込みに行く。
e f	片脚支持で行う際は、身体重心を支持脚側に寄せ（矢印❶）、方向が変わっても下肢三関節が発揮する力の方向が地面に対して一致するように（矢印❷）動く。

■ 確認事項

① 運動開始の身体ポジションにおいて、身体重心をやや前に出し、下肢三関節の伸筋群が力を発揮しやすい姿勢をとれているか。
② リズム良く屈曲から伸展へと移行できているか。
③ 下肢で地面をしっかりと踏み込み、上肢の力ばかりに頼らず上肢と下肢の動きのタイミングがうまく同調しているか。
④ パートナーは"バネ"を利かせやすい位置にボールを投げ込めているか。

下肢三関節による"バネ"の起点

ここで取り上げた手段は、ウェイトトレーニングとは異なり、様々な方向で行うことや、低い姿勢のまま横方向（P182写真d）や斜め方向などにステップしながら行うこと、片脚で行うこと（写真e）や片脚で方向を変えること（写真f）などが可能になる。ステップを変えることや片脚で行う手段によって、様々な方向で深い屈曲姿勢での切り換えし動作を学習することができる。内野守備や捕手のフットワークにおいては、深い姿勢で力を発揮する場面が多い。また、下肢の"バネ"の起点となる動きを実感する基礎的なドリルとしても、野球指導でよく言われる、"下半身で投げる"動きを実感するための基礎的なドリルとしても有効

である。さらに、全ての爆発的な力発揮をともなう運動において体幹部には適度な緊張が求められるが、メディシンボールを使った深いスクワットは、身体全体の動きは小さく一定の姿勢をある程度維持しながら行えるため、下肢の適切な屈曲姿勢や運動中の身体重心の位置、体幹部の力の発揮のコツを学習しやすいトレーニングである。

ウェイトトレーニングでは高重量を扱っているために、動きの自由度や速度の調整は限られる。このように動きの自由度が高いトレーニング手段を通して、下肢の"バネ"の起点となる動きを様々な方向や両脚・片脚支持で行い、より実践的な運動感覚を磨いていくことが動きの調整力（コーディネーション能力）を向上させるために重要な役割を持つと考えられる。

2）シャフトを使った体重移動と踏み込みのドリル

　投打における横方向への体重移動、打撃における横方向への踏み込み、投球・送球における前方向への踏み込みなどは、あいまいにとらえられていることが少なくないように感じられる。シャフトを使って身体の向きを確認しながらそれぞれの動きを明確な目的を持って行うことで、打撃や投球・送球における下半身の動きを習得する糸口となる運動になる。シャフトを使用するおもな目的は、シャフトの動きから身体の向きや全体の動きをとらえやすくするためである。シャフトは負荷として利用するのではなく、目的とする動きを明確にして、ねらいにそって動きをより洗練させていくことに集中すべきである。軽すぎるとシャフトの傾きや身体の向きを自覚し難いので、10kg程度のバーを利用して行うことを勧める。

ｉ）サイドステップからの切り換えし

　両脚立ちから片脚立ちになり横方向へと動く体重移動は、投球においても打撃においても非常に重要である。この運動は、適切な体重移動のための動きを学習することを目的とするトレーニングである。また、運動速度を上げることで、内野守備などにおける方向変換動作を学習することにも活用できる。

ねらい
① 横方向への体重移動における動きを身につける。
② 横方向への方向変換における動きを身につける。

■ 動き方のポイント（P186・P187写真）

1. 横方向へ両脚を交差させずに2回または4回ステップする。動作に習熟するまでは4回のステップを勧める。
2. 2ステップ後の3ステップ目、または4ステップ後の5ステップ目に屈曲動作を先取りしながら沈み込み動作を始める。
3. 適切な屈曲姿勢へと沈み込みながら支持脚（右脚）で地面を❶の方向に踏み込みにいくことで減速する。
4. 止まりにいかずに寄せてきた力に反発させるように地面を❶の方向に押し続ける。
5. 6. 支持脚で地面をとらえ続ける意識で方向変換して、身体を大きく起こさずに水平方向へ移動する。
a. b. 方向変換において、上体は地面に対して垂直方向に、バーは水平に保つように留意する。
c. 横方向への体重移動においても、片脚のスクワットと同様に、下肢三関節の伸筋群が力を発揮しやすい屈曲姿勢へと沈み込む。

8 爆発的な力発揮に効果的な動きを習得するためのトレーニング手段

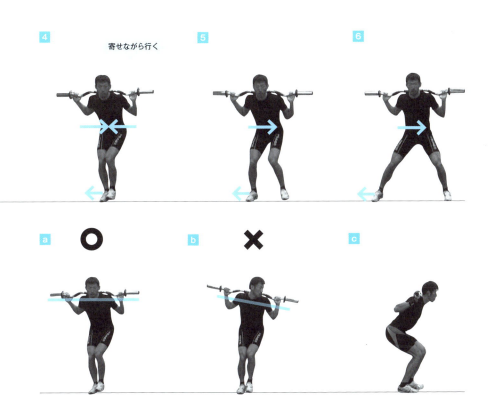

■ 確認事項

① 下肢三関節は適切な屈曲姿勢から伸展へと移行しているか。
② 横方向への動きで膝関節が内・外反していないか。
③ 適切な屈曲姿勢（P100）で方向変換を行っているか。
④ 方向変換は一旦止まるのではなく、"寄せながら行く"ような意識で、運動全体を流動的に行っているか。
⑤ "寄せながら行く"意識でうまくいかない場合には、"行きながら寄せる"ような意識で動くなど、切り換えしの動きを先取りするタイミングを調整しているか。

投打における
横方向への体重移動

　投球、打撃、守備の動きにおいて、横方向の体重移動や方向変換を正確に行うことは非常に重要である。何気なく行っている体重移動や方向変換動作における動きを明確にして、目指す動きをいかに身につけていくかということは、地味ながら野球における独特な動きを身につける上で最重要課題のひとつであると筆者は考えている。この運動は、投打における横方向への体重移動のための動作に明確な意図を持って行う、いわゆる"下半身に粘りがある"動きを身につけるための一助ともなろう。このトレーニングから体重移動の動作にヒントをつかんだ選手の中には、打席に入る前にバットをバーに見立てて担ぎ、切り換えしから体重移動の動きを繰り返し確認している選手もいる。繰り返し根気よく行うことで動作をつかんでもらいたい。横方向への動きの詳細については、片脚での横方向への跳躍（P116）や投打における体重移動（P120、140）の説明も同時に参考にしていただきたい。

　なお、切り換えしの方向を真横だけでなく、斜め方向に少しずつ角度を変えて行うことで、様々な角度での切り換えし動作を学習することが可能になる。片脚でのスクワットから、片脚での跳躍、様々な方向への切り換えし、横方向への体重移動などを通して、片脚で地面をとらえる際の正しい動きを徹底的に習慣化させることが重要である。

ⅱ）フロントステップからの踏み込み

　自体重やウェイトトレーニング用のバーなど、比較的軽い負荷で行うランジに類似したトレーニング手段である。前方へ軽くジャンプして踏み込み、後方へ切り換えす動きを通して、高重量を扱うウェイトトレーニングのランジ系の運動よりも実践的な運動速度で行うことが可能である。投球や野手のスローイングにおける踏み込み動作を明確にするための一助となろう。

> **ねらい**　水平方向の移動から、
> 前方向への片脚支持での踏み込み動作を学習する。

8 爆発的な力発揮に効果的な動きを習得するためのトレーニング手段

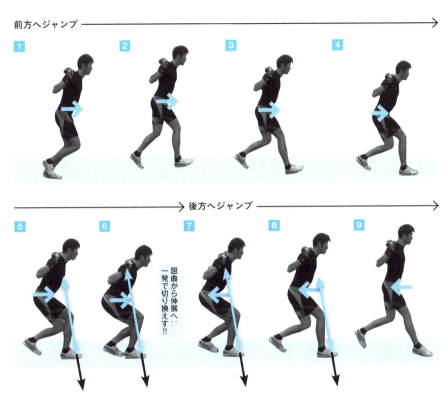

■ 動き方のポイント（写真）

- 1〜4　前方（水平方向）へ軽くジャンプして片脚で踏み込みにいく。
- 2 3　着地に備えて動きを先取りするように準備する。
- 4〜7　しっかりと踏み込み続け、地面反力による"カベ"に反発するように切り換えす。
- 5〜7　切り換えしの局面で、踏み込んだ脚の膝関節の位置はほとんど動かさないようにして股関節が屈曲から伸展に移行する。
- 3〜7　着地から伸展へと動きを先取りしながら踏み込みに行く。
- 6〜9　後方に戻る際には、上半身を急いで起こそうとせずに、踏み込み続ける意識で"バネ"を利かせて後方へジャンプする。

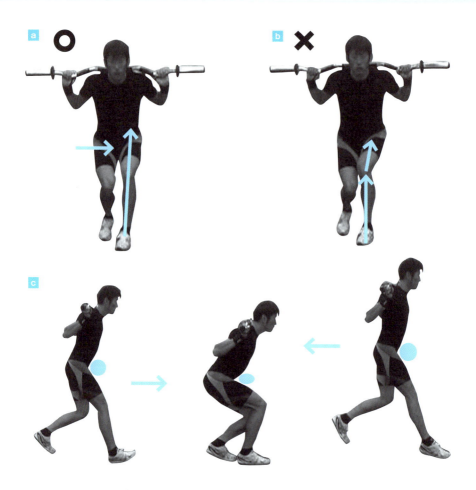

■ 動き方のポイント（写真）

踏み込みにおいては、下記のことに留意する

a 重心を支持側に寄せる。

b 屈曲時に膝が内側に入らない（外反しない）ようにする。

c ほとんど全ての爆発的な力発揮をともなう運動において同じことが言えるが、前方向への踏み込みから後方へ戻るときには、腹部が前方にそらないようにする。

■ 確認事項

① 踏み込んだ脚が接地してから地面を離れるまで、身体重心を支持脚に寄せて、下肢三関節は適切な屈曲姿勢から伸展へと移行しているか。
② 前方から後方への方向変換は、一旦止まるのではなく、"踏み込みながら跳ね返る"という意識で、運動全体を流動的に行っているか。
③ 前方への踏み込みにおいて、脊柱の過度の緊張により腹部が前方にそり出していないか。
④ 空中姿勢から着地、着地から踏み込みへと次の動きを先取りできているか。

"カベ"を作る動作のトレーニング

投球・送球時における"カベ"は、前方への踏み込みによる地面反力から得られることについてはすでに説明した（P126）。前方向への踏み込み動作は、投球・送球時の"カベ"を実践的な速度で実感するために有効なトレーニング手段である。

各種のスローイングにおいて、"どうも腕が振れない"というようなことがしばしば聞かれる。このような場合には、腕のスイングばかりに意識を向けず、踏み込み動作はうまくいっているか、踏み込みと腕のスイングのタイミングは適切に行われているか（P133）、などにも留意することが大切なのではなかろうか。また、コントロールが定まらないという状況においても、踏み込み動作が定まらなければ、いかに腕でボールを操作しようとしても全身的な動作を制御することはできない。明確な目的を持って踏み込み動作を学習することは、スローイングのための動きをつかむための一助となろう。

iii）サイドステップからの切り換えし

　横方向へのランジ（ラテラルボックスランジ）に類似したトレーニング手段である。横方向へのステップから踏み込み、逆方向へと切り換えす動きを通して、高重量を扱うウェイトトレーニングのランジ系の運動よりも実践的な運動速度で行うことが可能である。打撃における踏み込み動作を明確にするための一助となろう。

> **ねらい**　水平方向の移動から横方向への
> 片脚支持での踏み込み動作を学習する。

■ 動き方のポイント（P193 写真）

- **1 2**　身体重心を右脚のほうに寄せ、適切な屈曲姿勢（P100）に沈み込みながら寄せに行く。
- **2〜4**　"寄せながら行く" という意識で体重移動を始め、**4**まで右脚で地面をとらえ続けることで水平方向の体重移動を行う。
- **5〜8**　上体が先行しないように留意し、地面反力による "カベ" に、身体重心をぶつけに行くような意識で左脚を踏み込む。
- **8〜10**　踏み込み続ける意識で地面を押し続け、元のポジションに戻る。

8 爆発的な力発揮に効果的な動きを習得するためのトレーニング手段

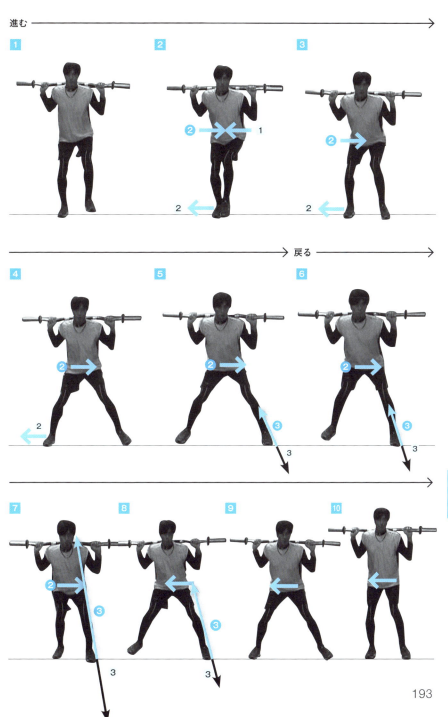

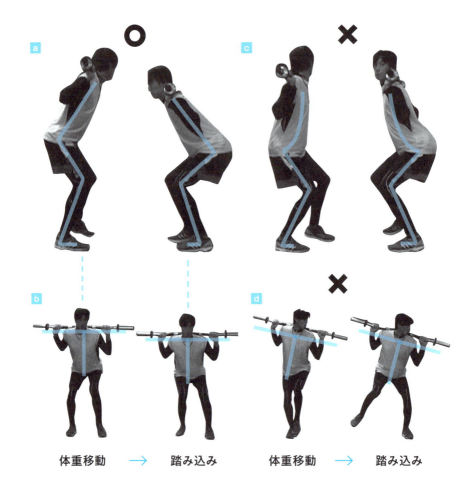

体重移動 → 踏み込み　　　体重移動 → 踏み込み

■ 動き方のポイント（写真）

> a b　適切な屈曲姿勢での体重移動によって、適切な屈曲姿勢での踏み込みが可能となる。
>
> c　膝の屈曲角度が大きすぎたり、脊柱がそりすぎて腹部が前に出たりしないように留意する。
>
> b d　体重移動から踏み込みまで、上体を水平に保つように留意する。

■ 確認事項

① 体重移動は〝寄せながら行く〟という意識から始まっているか。
② 体重移動と踏み込み動作において、下肢三関節は適切な屈曲姿勢をとれているか。
③ 体重移動は、上体や左脚を先行させずに（P141図23）、右脚で地面を反対方向に押し込み、その地面反力によって行われているか。
④ 体重移動から左脚の着地、着地から踏み込みへと次の動きを先取りできているか。
⑤ 横方向の方向変換は、一旦止まりに行くのではなく、〝踏み込みながら切り換えす〟という意識で行われ、運動全体を流動的に行っているか。

横方向への〝カベ〟

横方向にワンステップで踏み込みながら行う運動は、テニスのストロークなどにおいても見られるが、打撃動作における特徴的な運動のひとつである。〝突っ込むな〟、または〝ステイバック〟などという言葉が実際の打撃の場で非常によく聞かれる。しかし、ただ単に身体重心を後ろに残したままで、体重移動そのものがおろそかになると打撃において効果的に大きな力を発揮することはできない。〝突っ込まず〟、〝ステイバック〟したままで横方向への体重移動を行い力強い踏み込みを行うことが、打撃において重要であろう。サイドステップからの踏み込みのドリルでは、屈曲角度を変化させながら、横方向の踏み込み動作において地面反力による〝カベ〟を実感し、打撃における〝カベ〟を作る動作を習得するきっかけとしたい。

3）メディシンボールスロー

　ここまで、下肢三関節を強力な〝バネ〟として機能させるための各種のスクワットや跳躍運動についてここまで紹介してきた。ここでは、下半身のバネを利用して上体・上肢を介して爆発的に力を発揮するメディシンボールスローを、スクワットの動きからスローイングを行う単純なものから、比較的野球技術に近い動作のものまでをいくつか紹介したい。本項で紹介するメディシンボールスローにおいては、良い動きを引き出しやすい2kg 〜 3kgのボールを用いることを勧める。

ⅰ）スクワット姿勢からのメディシンボールスロー（下から）

　最も一般的に行われているメディシンボールスローである。下肢三関節の動きはハーフスクワット、両脚での垂直方向への跳躍と非常に良く似ている。ウェイトトレーニングなどで向上させた筋力、跳躍運動で向上させた瞬発力、これらに上体・上肢の動きを合わせて全身的に爆発的な力を発揮する動作を学習することを目的とする。

> **ねらい**
> スクワット姿勢から下肢三関節の伸展により発揮する力を、
> 上体から上肢を介してボールに伝えることを学習する。

■ 動き方のポイント（P196・197 写真）

- 1〜4 スクワットと同様に下肢三関節の適切な屈曲姿勢へと沈み込む。
- 3〜5 すばやく屈曲から伸展に切り換えす。このとき、ボールが下降から上昇へと切り替わるタイミングが下半身の切り換えしに対して遅れないように注意する。
- 5〜9 力強く下肢を伸展させ、下肢の伸展に遅れないように思い切り腕を振り上げる。
- 1〜9 運動全体をとおして腹部が前にそらないように留意する。

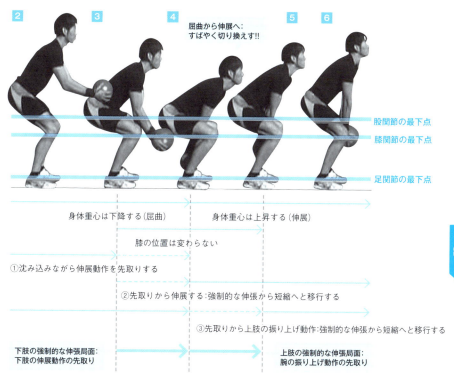

切り換えしの局面での下肢のふるまいを見ると、ハーフスクワットや垂直方向の跳躍動作と酷似した動作を行っていることがわかる

■ **確認事項**

① 下肢三関節の屈曲から伸展の動きは適切に行われているか。
② 下肢の屈曲に同調させて適切な深さまでメディシンボールを振り下ろしているか。
③ 屈曲から伸展への切り換えしは力強くすばやく行われているか。
④ 下半身の動きに対して上体、上肢の動きのタイミングが遅れていないか。
⑤ 運動全体を通して背部の過緊張や腹部が前方にそりすぎるような動きはないか。
⑥ 首を過度に伸展屈曲させる、肩をすくめるなどの余計な反動動作が起きていないか。

下半身で投げる

野球指導現場では"下半身で投げる"、もしくは"下半身で打つ（振る）"という言葉を頻繁に耳にする。これらの言葉は、投球のための腕のスイングや、打撃のためのバットスイングをうまく加速させるために、下半身で発揮される力を効果的に上体を介して上肢に伝えるという意味を持つのであろう。スクワット姿勢からのメディシンボールスローは、下肢で発揮される力を上肢に伝えるための運動として、学習しやすい最も単純な運動のひとつであると言えよう。両脚での跳躍運動（P104）やハーフスクワット（P166）、メディシンボールを用いたスクワット（P181）の応用として、全身的な運動であるスクワット姿勢からのメディシンボールスローの動きをイメージアップしてほしい。

ii）スクワット姿勢からのメディシンボールスロー（横から）

　身体の横から投げるメディシンボールスローにおいても、運動全体の流れは大きく変わることはない。下肢で発揮した力を上体・上肢へと伝達して爆発的に力を発揮するためには、脚で地面を押し込む方向とボールをスイングする方向を調整して、反発させるような意識で動くことが重要である。捻る動作を強調すると、タイミングが合うと大きな力を発揮することができるが、スイングの加速に時間がかかり、動作の流動性や再現性を出すことが難しい。力を発揮する方向が違っても、メディシンボールスロー全般の共通の目的である、地面反力をうまく利用して上肢のスイング動作を加速させ、短い時間で大きな力を爆発的に発揮する動き方を学習することを常に意識しなければならない。

> **ねらい**　i）のメディシンボールスローの応用として、捻り動作を強調せずに、両脚で地面を押し込む方向を調整して横方向から投げる動きを学習する。

■ **動き方のポイント**（P199写真）

> 1〜7　運動全体のリズムや流れは真下から投げるメディシンボールスローⅰ）と同様である。
> 1〜2　大きく捻りながら沈み込むのではなく、ボールを下ろす方向に重心を寄せながら沈み込む（矢印❶）。
> 2〜3　沈み込みながら身体重心を右に寄せる際、下肢三関節が力を発揮する方向が一致するように屈曲姿勢をとる（矢印❷）。
> 3〜7　すばやく切り換えしを行い、力強く下肢を伸展させ、下肢の伸展に遅れないように思い切り腕を振り上げる。
> 4　5　ボールを振り上げる際、地面を斜め下方向に押し込みながら（矢印❸）、下肢を伸展させて腕を横から真上に振り上げる。❸の地面反力により、重心は❹の方向へ戻りながら伸び上がる。

■ **確認事項**

① メディシンボールスローⅰ）の留意点は押さえているか。
② 沈み込むときに、ボールを下ろす方向に身体重心を寄せているか。
③ 上体を捻る動きが強調されすぎていないか。

地面を押す方向と投げる方向

野球の投球動作や打撃動作においても、地面反力による"カベ"を利用してスイング動作を劇的に加速させることが効果的であることを述べた（P133・145）。跳躍運動において地面を押す方向を変え、地面反力の方向を変えることで跳躍方向をコントロールすることについても触れた。これらをヒントに、ボールを振り下ろす方向と地面を押しにいく方向を噛み合わせることによって、横からのメディシンボールスローでの動きを習得していくためのヒントが得られるであろう。投打などの運動で、上体を捻る動作を大きくしてスイングの距離を大きくしすぎると、"ツボ"に入れば大きな力を発揮することができる。しかし、動作の流動性や再現性を導き出すことが難しいだけでなく、粗動作が傷害の直接的な原因ともなるので、比較的単純なこれらの運動で地面反力を利用して上肢のスイング動作を加速させる動きを十分に学習することを勧める。

ⅲ）両手でのオーバーハンドスロー

野球のスローイングの多くは横方向への体重移動から腕を振ってボールを投げる。この運動は、横方向への体重移動から、踏み込み動作とスイング動作のタイミングを合わせることを学習するために有効である。

> **ねらい** 横方向から前方向へと身体の向きを変えながら、踏み込み動作による地面反力を利用して回転動作の支点をしっかりと作り、上肢のスイング動作を大きく加速させる動きを学習する。

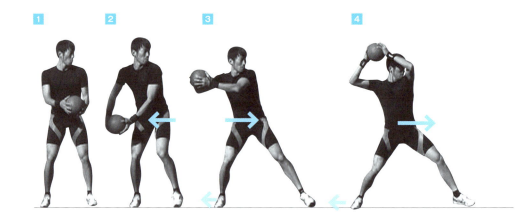

■ **動き方のポイント**（P202・203 写真）

1 2	身体重心を右に寄せる。
2	片脚で止まるように立ちに行こうとせずに、寄せながら行く（寄せる動きと行こうとする動きがぶつかり合って止まっているように見える）。
3	右足で地面をとらえ続ける意識で体重移動を行う。このとき、左脚や頭部が進行方向に先行しすぎないように注意する。
3 4	ボールを振り上げていくとき、上体が伸び上がらないように注意して、体重移動をできるだけ水平に行う。
5	左脚の踏み込みと骨盤から上体の回転により地面反力が発生する。
6 7	地面反力による〝カベ〟を力強く腕のスイングが突破する。
7 8	〝カベ〟を突破し腕のスイングを劇的に加速させる。
5〜8	この間、踏み込んだ左脚は打ち込まれた杭のようにほとんど動かない。

8 爆発的な力発揮に効果的な動きを習得するためのトレーニング手段

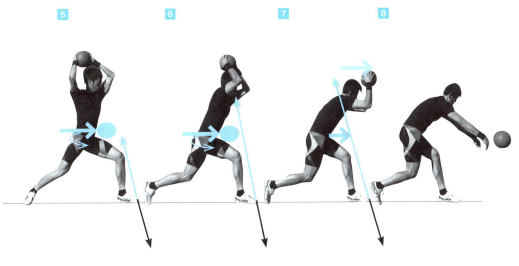

1) 膝が前方に移動しすぎて踏み込みが弱く地面反力によるカベができていない。
2) 腰部がそりすぎ、お腹が抜けて上半身が過度に伸張されているために上半身の動作が遅れてしまう。
3) 上半身の動き、とくに上肢を振りにいくタイミングが遅すぎるため、地面反力との効果的な反発による加速ができない。
4) 肩関節を後方で大きく外旋させる動作は、野球のボールの重さでも傷害の原因となる。メディシンボールを振り下ろすとき、両肘を大きく開くと肩関節が過度に外旋し、肩の傷害の原因となる。また、下半身の踏み込みと上体・上肢の動きのタイミングが合わせづらい。

■ 確認事項

① 横方向への体重移動は適切に行われているか（P120参照）。
② ボールを振り上げる際に、上体を起こさず、できるだけ水平に体重移動できているか。
③ 左脚の踏み込み動作は適切に行われているか（P126参照）。
④ 左脚の踏み込みと腕をスイングするタイミングが合っているか。

投げる動作の流れをつかむ

　重く大きなボールを両腕を使って投げるこの運動は、野球のボールを投げる投球動作とは運動形態に違いはある。しかし、右脚から左脚への横方向への体重移動から、左脚の踏み込みと上体の捻り、上肢のスイング動作のタイミングを合わせて、爆発的に力を発揮するという運動の一連の流れには共通点が多い。この運動をとおして投球動作のヒントを得たい。

ⅳ) 片手でのサイドハンドスロー

　片手でボールを押し込むサイドハンドスローは、両手でのオーバーハンドスローと同様に下半身と上半身の動きのタイミングを合わせるトレーニング手段として有効である。投球動作と同様に、横方向への体重移動から前を向いて水平方向にボールを投げる運動である。

> **ねらい**
> 横方向への体重移動から、踏み込み動作での地面反力による"カベ"を利用し、回転動作の支点をしっかりと作り、力強く腕でボールを押し込む動きを学習する。

寄せながら行く

■ 動き方のポイント（P204・205 写真）

1	右脚に身体重心を寄せる。
1〜3	右脚で地面をとらえて体重移動を行う（寄せながら行く）。体重移動の間、上体は地面に対して垂直方向に立った姿勢を保つ。
3〜5	左脚の踏み込みのタイミングに合わせて、右腰が左脚を軸に回転する。
4〜6	左脚の踏み込みによる地面反力によって"カベ"を作り、そのカベをボールが突破して行く。この間、踏み込んだ左脚は打ち込まれた杭のようにほとんど動かない。
5〜6	"カベ"を突破したボールが劇的に加速して行く。
1〜6	運動全体をとおして、とくに4〜6の爆発的な力発揮の局面で、お腹が前に抜けないように注意する。

■ 確認事項

① 横方向の体重移動は適切に行われているか（**P120参照**）。
② 左脚の踏み込み動作は適切に行われているか（**P126参照**）。
③ 左脚の踏み込みと腕を押し込むタイミングが合っているか。
④ 運動全体をとおして腰部と腹部をそりすぎていないか。
⑤ 余計な反動動作は行われていないか。

片手で投げる

野球の投球動作は腕を押し出す動きではないが、この運動は体重移動の方向と同様の方向にボールを押し込むため、踏み込みによる地面反力によって回転動作の支点となる"カベ"を作ることができるので、回転動作から上肢の動きを加速させていくことを実感しやすい運動である。また、横向きから前向きに、左足を軸に素早くターンしながら片手でボールを押し込むタイミングは、前述のオーバーハンドスローよりも実際の投球動作に近いことから、より実践的な運動であると言えるだろう。

ⅴ）両手でのサイドハンドスロー

両手でボールを支えて行うサイドハンドスローも片手で押し出すスローイングとよく似ているが、両手でボールを操作する打撃動作に近い運動である。

> **ねらい**
> 打撃動作と同様に、横方向への体重移動から横向きのままで左脚を踏み込み、そのときの地面反力による"カベ"を利用して
> 回転動作の支点をしっかりと作り、回転動作と両腕による
> 上肢の押し込み動作を効果的に加速させることを学習する。

■ 動き方のポイント（P206・207写真）

1〜2	右脚に体重を寄せる。
2〜3	右脚で地面をとらえて横向きのまま上体の向きをなるべく変えずに体重移動を行う。
3〜5	左脚の踏み込みのタイミングに合わせて右腰が左腰を軸に回転し始める。このとき、右肘は右腰を追い越さずに回転に遅れないタイミングでボールを押し込む。
4	横向きのまま左脚を踏み込む。
4〜6	左脚の踏み込みによる地面反力によって"カベ"を作り、そのカベをボールが突破して行く。
5〜6	カベを突破したボールが劇的に加速して行く。

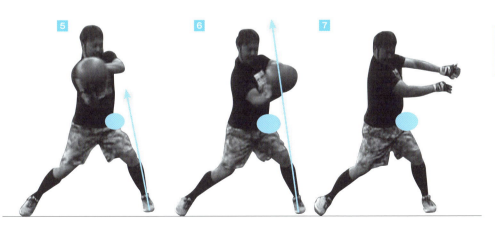

踏み込みから上肢への効果的な動作を可能にするためには、体重移動の局面において下肢三関節が最も力を発揮しやすい身体姿勢を保つことが重要である（写真）。適切な体重移動で適切な踏み込み動作が可能になり、地面反力による〝カベ〟を利用した回転動作が可能になるであろう。

下肢三関節が力を発揮しやすい姿勢での体重移動

■ 確認事項

① 横方向への体重移動は適切に行われているか（P140参照）。
② 左脚の踏み込み動作は身体を横に向けたままで行われているか。
③ 左脚の踏み込みと腕を押し込むタイミングが合っているか。
④ 運動全体を通して腰部と腹部をそりすぎていないか。
⑤ 余計な反動動作は行われていないか。

両手で投げる

バットスイングによって最も大きな力を発揮すべき方向は、体重移動の方向に対して横から斜め前の方向である。この運動をとおして、できるだけ横向きの姿勢のままで左脚の踏み込みよる地面反力によって〝カベ〟を作り、そのカベをボールが突破するようにボールを押し出していく動作から打撃動作のヒントを得たい。

メディシンボールスローのまとめ

スポーツ選手は、〝うまくいってる感じ〟よりも、努力度の高い〝がんばってる感じ〟を求めてしまうことが非常に多い。各選手の身体に備わる、筋力をはじめと

する生理的能力を効率的に発揮するためには、"がんばってる感じ"、すなわち高い努力度で動くことを求めてはならない。"うまくいってる感じ"をつかむためには、ムダな動きや力をできるだけ使わずに、身体全体が効果的に力を発揮できるような動きを求めなければならない。ムダな力が入っていないということは、できるだけ力を抜くということではない。ただダラッと力を抜いてしまっては、当然爆発的な力発揮は起こらない。身体のどこにどの程度力を入れ、どの程度力を抜くかなど、力の出し入れの加減をタイミング良くコントロールしつつ運動を遂行するかが、より効果的な動作には不可欠である。ここで紹介した５種類のメディシンボールスローにおいては、屈曲から伸展、または、体重移動から踏み込みと回転動作、さらに腕のスイングや押し出しといった一連の動作をタイミング良く行うことができれば、再現性の高い動きで効果的に大きくボールを加速させることが可能となる。

　これまでに出会った打撃の名選手たちの多くは、"開きが早いのは絶対にダメだ"と言う。腰を捻る動作が先行しすぎるとうまく力が発揮できなかったり、ボールに対応できなかったりすることを実感していることを裏づける発言ではなかろうか。どの方向への体重移動からどのように踏み込み、どのように力を発揮すればより実践的に劇的な加速運動が起こるのかを、こういったトレーニング手段をとおして学習することが有効であると思われる。上体を大きく回転させ、腕の力を使ってバットを"一生懸命に加速させる"のではなく、最終的には"勝手にバットのヘッドが抜ける"というような感覚を得るためには、これまで紹介してきたトレーニング手段をはじめ、様々なトレーニングのなかで目的とした運動を遂行するための的確な動きを学習していかなければならない。

　横方向への体重移動から行う３種類のメディシンボールによるスローイングでは、野球のボールに比べて重いボールを使い、また、バットと比べても重さも形状も異なるものを使っているために、腕の使い方は実際の投打の動き方とは異なり、運動形態も異なる。それにともない体全体の使い方においても異なる部分がある。これらのことをふまえた上で、ここでのトレーニング手段で重要なことは、体重移動から踏み込み、そして上体の回転運動へと移行し、片腕もしくは両腕のスイング動作をより効率的に劇的に加速させる動き全体のまとまりを習得することであると筆者は考えている。

9 実際のトレーニング計画

　第8章までの内容をふまえ、実際に行うトレーニング計画の例を紹介したい。プロ野球においては、試合シーズンが長いために厳密に期分けを行ってトレーニングを進めることは容易ではない。おおまかには12月から1月は準備期Ⅰ、2月から3月は準備期Ⅱ、4月から10月が試合期、11月は移行期とする。

　ここでは、最も体力トレーニング量が多くなる12月、試合シーズンへの準備期間（春期キャンプ）となる2月、4月から10月までの試合期の一部分の3例のトレーニング計画を投手と野手に分けて紹介する。また、試合期のトレーニングについては、投手を先発とリリーフに分けて見ていく。ここで示すトレーニング計画は、あくまでも野球選手の体力特性を考慮して作られた一例である。本章に示すトレーニング計画を第5章の体力の各要素のトレーニング方法と照らし合わせながら参考にしていただきたい。

　なお、ほぼ毎日試合が行われるプロ野球の試合期のトレーニング計画は、アマチュア野球の選手には参考になることは少なく思えるかもしれない。準備期Ⅰ（鍛練期）、準備期Ⅱ（春季キャンプ）、試合期のトレーニングを参考に、それぞれのチームで試合日程に合わせてシーズン中のトレーニング計画を考えていただきたい。

1　準備期Ⅰのトレーニング計画例

表9（P212・P213）、表10（P214・215）

準備期Ⅰの留意点

　準備期Ⅰのトレーニング計画を立てる際には、野球選手としての全面的な体力づくりに留意しつつ、個人の目標を明確にした体力づくりを行うことが大切である。準備期Ⅱにおいてはチームでの戦術的練習や技術練習に非常に多くの時間を要する

が、準備期Ⅰで体力づくりを中心にトレーニングを進めていくことができよう。準備期Ⅰのトレーニング計画を立てる際の留意点を以下に示す。

① 1回、1日、または一定期間でのトレーニングの運動の許容量を確保するためにも（第5章5と6）、走トレーニング（各種のスプリントから持久走までを含む）による負荷の強度と量をこの時期に十分に確保することが大切である。

② 成人選手で筋力が不足している場合は、特にオフシーズン中に徹底して筋力トレーニングを行うことが重要であろう。個々の特性によって目標とする水準は異なるが、野球選手にとって基礎的な筋力が備わっていることは体力的に不可欠である。ただし、筋力トレーニングに偏ったり、各筋力トレーニング手段において、動きの留意点が不明確になったりすることがないように注意することはきわめて重要であろう。これらのトレーニングによって改善される体力要素を野球選手として高い水準で機能させるためにも、各トレーニングにおいて動きの留意点を常に明確にすること、また、第8章で紹介したトレーニング手段などを通して、様々な動きでフィールドの上で行うトレーニングを、回数やセット数ではなく、動きの達成度にねらいをおいてオフシーズン中にも継続することが大切である。

③ 若年者ほど、将来に向けて動きの調整力をより重視したトレーニング内容に重点を置くべきであろう。1年間のいずれの時期においても、ゆっくりした動き・すばやい動き、単純な動き・複雑な動きなど、数多くの動きのバリエーションを用意し、様々な動き、様々なリズム・タイミングでトレーニングを体験させることが大切である。

表9　準備期I（12月鍛錬期）の計画：投手の例

日付			
筋力・パワー			
ドリル	回数	種目数	
MBスクワット	20×1	5種目	
MBスロー	10×1	3〜5種目	
ジャンプ	10×1〜2	3〜5種目	
バー	10×2〜5	1〜5種目	
ウェイトトレーニング	回数	種目数	
上半身　1			
上半身　2	ウェイトトレーニングのセットの組み方を参照し		
下半身　1	目的に合わせてセットの組み方を設定する（P67〜69）		
下半身　2			
その他	回数	種目数	
体幹部トレーニング		いくつかの手段を用意して毎日行う	
肩肘周辺機能トレーニング		弱点を明確にして毎日行う	
スピード・パワー、アジリティ			
短スプリント	本数	レスト	
20m	上り坂or平地 x 15	歩いて戻る	
30m	上り坂or平地 x 15	歩いて戻る	
30/20/10m	上り坂or平地 x 6	歩いて戻る	
変則スタート（20m）	平地 x 10〜15	（様々な姿勢からスタートする）	
変則スプリント（20〜30m）	平地 x 10〜15	（ミニハードルやラダーなどを混ぜる）	
長スプリント	本数	レスト	
100m	x5	4〜5分	
50m	上り坂or平地 x12〜15	歩いて戻る	
50/40/30m	上り坂or平地 x 5〜6	歩いて戻る	
シャトルラン、切り替えし	本数	タイム（レスト）	
30/20/10m シャトル	x 5〜6	21〜23秒（2'30"）	
20/10m シャトル	x 10〜12	12〜13秒（90"）	
10/10/10m シャトル	x 10〜12	6.5〜7秒（45"）	
ジグザグ走	x 10〜12	5回前後の各種の方向変換を含むスプリント（45"）	
無酸素性持久力			
シャトルラン、切り替えし	本数	タイム（レスト）	
50/40/30/20/10m シャトル	x 4〜5	60〜63秒（3'〜4'）	
50/30/10m シャトル	x 4〜5	32〜34秒（2'30"〜3'）	
インターバル（中）	本数	タイム（レスト）	
100m	x 10〜12	15〜16秒（60"walk）	
PC*	x 10〜12	13〜14秒（60"walk）	
ハーフガスラン（40m1往復）	x 10〜12	10〜12秒（45"rest）	
インターバル（短）	本数	タイム（レスト）	
50/40/30m インターバル	x 6	（1本間jog、セット間90秒）	
30/20m インターバル	x 5 x 3	（30m走→20m歩き→20m走→30m歩きx5、セット間90秒）	
無酸素性＋有酸素性持久力			
インターバル（長）	本数	タイム（レスト）	
300m	x 6〜8	55〜60秒（90"〜2'）	
200m	x 14〜16	35秒（1'）	
PP往復*	x 4〜5	65〜72秒（2'）	
PP*	x 14〜16	33秒（1'）	
300m + 200m + 100m	x 3〜4	58秒（90"）+ 33秒（90"）+ 16秒（120"）	
300m + 200m	x 4〜5	58秒（90"）+ 33秒（100"）	
300m + 100m	x 6〜7	58秒（90"）+ 16秒（90"）	
200m + 100m	x 8〜10	35秒（60"）+ 16秒（60"）	
PP + PC*	x 8〜10	33秒（60"）+ 15秒（60"）	
フルガスラン（40m2往復）	x 10〜12	25秒（60"）	
有酸素性持久力	時間	距離/負荷設定	
ジョギング	20〜40分	約5km	
バイク	20〜40分	心拍数120〜130/分	
スピードプレー	20〜30分	PC快調走→PC+PPjog繰り返し	
階段昇降	20〜40分		
クロスカントリーランニング	20〜40分		

*PP、PCは、野球のフィールドのポール(P)とセンター(C)である。PPはフェンス際をライトまたはレフトポールから反対のポールまで、PCはどちらかのポールからフェンス沿いにセンターまで、を示す

表10 準備期Ⅰ（12月鍛錬期）の計画：野手の例

日付			
筋力・パワー			
ドリル	回数	種目数	
MBスクワット	20×1	5種目	
MBスロー	10×1	3〜5種目	
ジャンプ	10×1〜2	3〜5種目	
バー	10×2〜5	1〜5種目	
ウェイトトレーニング	回数	種目数	
上半身1			
上半身2	ウェイトトレーニングのセットの組み方を参照し		
下半身1	目的に合わせてセットの組み方を設定する（P67〜69）		
下半身2			
その他	回数	種目数	
体幹部トレーニング	いくつかの手段を用意して毎日行う		
肩肘周辺機能トレーニング	弱点を明確にして毎日または一日置きに行う		
スピード・パワー、アジリティ			
短スプリント	本数	レスト	
20m	上り坂or平地 × 15	歩いて戻る	
30m	上り坂or平地 × 15	歩いて戻る	
30/20/10m	上り坂or平地 × 6	歩いて戻る	
変則スタート（20m）	平地 × 10〜15	（様々な姿勢からスタートする）	
変則スプリント（20〜30m）	平地 × 10〜15	（ミニハードルやラダーなどを混ぜる）	
長スプリント	本数	レスト	
100m	×5	4〜5分	
50m	上り坂or平地 ×10〜15	歩いて戻る	
50/40/30m	上り坂or平地 × 5〜6	歩いて戻る	
シャトルラン、切り替えし	本数	タイム（レスト）	
30/20/10m シャトル	× 4〜5	21〜23秒（2'30"）	
20/10m シャトル	× 10〜12	12〜13秒（90"）	
10/10/10m シャトル	× 10〜12	6.5〜7秒（45"）	
ジグザグ走	× 10〜12	5回前後の方向変換を含むスプリント（45"）	
無酸素性持久力			
シャトルラン、切り替えし	本数	タイム（レスト）	
50/40/30/20/10m シャトル	× 3〜4	58〜62秒（3'〜4'）	
50/30/10m シャトル	× 4〜5	32〜34秒（2'30"〜3'）	
インターバル（中）	本数	タイム（レスト）	
100m	× 10〜12	16〜17秒（45"jog）	
PC*	× 10〜12	13〜14秒（45"jog）	
ハーフガスラン（40m1往復）	× 10〜12	10〜12秒（45"）	
インターバル（短）	本数	タイム（レスト）	
50/40/30m インターバル	× 6	（1本間jog、セット間90秒）	
30/20m インターバル	× 5 × 3	（30m走→20m歩き→20m走→30m歩きx5、セット間90秒）	
無酸素性＋有酸素性持久力			
インターバル（長）	本数	タイム（レスト）	
300m	× 6〜8	55〜60秒（90"〜2'）	
200m	× 10〜12	35秒（1'）	
PP往復*	× 4〜5	65〜72秒（2'）	
PP*	× 10〜12	33秒（1'）	
300m + 200m + 100m	× 3〜4	58秒（90"）+ 33秒（90"）+ 16秒（120"）	
300m + 200m	× 4	60秒（60"）、32秒（90"）	
300m + 100m	× 5	60秒（60"）、16秒（90"）	
200m + 100m	× 7〜9	35秒（60"）、16秒（60"）	
PP + PC*	× 7〜9	33秒（60"）、15秒（60"）	
フルガスラン（40m2往復）	× 10〜12	25秒（60"'）	
有酸素性持久力	時間	距離/負荷設定	
ジョギング	20〜30分	約3〜5km	
バイク	20〜30分	心拍数120〜130/分	
スピードプレー	20〜25分	PC快調走→PC+PPjog繰り返し	
階段昇降	20〜30分		
クロスカントリーランニング	20〜30分		

9　実際のトレーニング計画

	第1クール					第2クール					第3クール			
	/	/	/	/	/	/	/	/	/	/	/	/	/	/

*PP、PCは、野球のフィールドのポール（P）とセンター（C）である。PPはフェンス際をライトまたはレフトポールから反対のポールまで、PCはどちらかのポールからフェンス沿いにセンターまで、を示す

2　準備期Ⅱのトレーニング計画例

表11（P218・219）、表12（P220・P221）

シーズン前のトレーニングキャンプ中の留意点

　2～3月は、技術練習と戦術練習が中心の時期となろう。技術的な修正・改善や、チームとしての戦術的な課題に多くの時間が費やされるために、1日、1週間、1ヶ月間の技術的・戦術的なトレーニングの強度と量を考慮して体力トレーニング計画を立て、トレーニング全体の調和を図ることが大切である。技術・戦術トレーニングの量が大きく増加する準備期Ⅱには、体力トレーニングの強度と量を最も慎重に考慮するべきである。試合シーズンに向けてトレーニングの強度を上げていくことも意識して行うことが大切である。この期間のトレーニング計画を立てる際の留意点を以下に示す。

① スプリント系のトレーニングにおいては、量の設定に重点を置くのではなく強度に重点を置き、全力に近いスプリントの回数を徐々に増やし、高い速度での方向変換走を行うなど、実践への準備を考慮したトレーニング計画を組むべきであろう。
② 無酸素性持久力や有酸素性持久力のトレーニングは、技術的・戦術的なトレーニングへの影響を十分に考慮して組まれるべきである。無酸素性持久力トレーニングは、比較的高い負荷で短い時間で行える手段を選ぶべきであろう。野手は1ミクロサイクルごと（トレーニングキャンプ中は一般には4～6日）に1回程度行うべきであろう。投手は、野手に比べて技術的・戦術的トレーニングの量が少ないことを考慮し、1ミクロサイクルごとに2回程度行うことが勧められる。有酸素性の持久力トレーニングは、選手のトレーニングへのストレスを軽減するために、クールダウンのジョギングの時間を長く行うことを中心にするなどの工夫をすべきであろう。

③ 筋力トレーニングにおいては、準備期Ⅰでの成果をふまえて、試合シーズンに向けた目標設定を行うことが大切である。筋力が不足する選手は、この時期にも量を調整しながら筋肥大型のトレーニングを継続することもあるだろう。また、筋力の強い選手は、強度の高い相対的な筋力向上のためのトレーニングに移行すべきであろう。

表11　準備期Ⅱ（2月春季キャンプ）の計画：投手の例

日付		
筋力・パワー		
ドリル	回数	種目数
MBスクワット	20×1	5種目
MBスロー	10×1	3〜5種目
ジャンプ	10×1〜2	3〜5種目
バー	10×2〜5	1〜5種目
ウェイトトレーニング	回数	種目数
上半身　1		ウェイトトレーニングのセットの組み方を参照し
上半身　2		目的に合わせてセットの組み方を設定する（P67〜69）
下半身　1		
下半身　2		
その他	回数	種目数
体幹部トレーニング		弱点を明確にして毎日行う
肩肘周辺機能トレーニング		いくつかの手段を用意して毎日行う
スピード・パワー、アジリティ		
短スプリント	本数	レスト
20m	上り坂or平地 ×15	歩いて戻る
30m	上り坂or平地 ×15	歩いて戻る
30/20/10m	上り坂or平地 ×6	歩いて戻る
変則スタート（20m）	平地 ×10〜15	（様々な姿勢からスタートする）
変則スプリント（20〜30m）	平地 ×10〜15	（ミニハードルやラダーなどを混ぜる）
長スプリント	本数	レスト
100m	×3〜5	4〜5分
50m	上り坂or平地 ×12〜15	歩いて戻る
50/40/30m	上り坂or平地 ×5〜6	歩いて戻る
シャトルラン、切り替えし	本数	タイム（レスト）
30/20/10m シャトル	×3〜4	〜23秒（3'）
20/10m シャトル	×8〜10	〜12秒（90"）
10/10/10m シャトル	×10〜12	6.5〜7秒（60"）
ジグザグ走	×8〜10	5回前後の各種の方向変換を含むスプリント（45"）
無酸素性持久力		
シャトルラン、切り替えし	本数	タイム（レスト）
50/40/30/20/10m シャトル	×2〜3	〜63秒（3'〜4'）
50/30/10m シャトル	×3〜4	〜33秒（3'〜4'）
インターバル（中）	本数	タイム（レスト）
100m	×10〜15	15〜16秒（60"walk）
PC*1	×10〜15	13〜14秒（60"walk）
ハーフガスラン（40m1往復）	×10〜12	10〜12秒（45"rest）
インターバル（短）	本数	タイム（レスト）
50/40/30m インターバル	×6	（1本間jog、セット間90秒）
30/20m インターバル	×5×3	（30m走→20m歩き→20m走→30m歩き×5、セット間90秒）
無酸素性＋有酸素性持久力		
インターバル（長）	本数	タイム（レスト）
300m	×5〜6	52〜56秒（2'〜2'30"）
200m	×8〜10	32秒（90"）
PP往復*1	×4〜5	62〜66秒（3'）
PP*1	×10〜12	32秒（90"）
300m + 200m + 100m	×2〜3	54秒（90"）+ 33秒（90"）+ 16"（120"）
300m + 200m	×3〜4	54秒（90"）+ 32秒（100"）
300m + 100m	×4〜5	54秒（90"）+ 16秒（60"）
200m + 100m	×6〜7	32秒（60"）+ 16秒（60"）
PP + PC*1	×6〜7	32秒（60"）+ 15秒（60"）
フルガスラン（40m2往復）	×10〜12	25秒（60"）
有酸素性持久力	時間	距離/負荷設定
ジョギング	15〜30分	約5km
バイク	20〜40分	心拍数120〜130/分
スピードプレー	20〜30分	PC快調走→PC+PPjog繰り返し
階段昇降	20分	
クロスカントリーランニング	20〜30分	

第1クール					第2クール					第3クール					第4クール				第5クール					第6クール			
1日	2日	3日	4日	5日	6日	7日	8日	9日	10日	11日	12日	13日	14日	15日	16日	17日	18日	19日	20日	21日	22日	23日	24日	25日	26日	27日	28日
	○											○									○						
							○								○										○		
					両脚					片脚						両脚						片脚					
		サイド					フロント					サイド							フロント					サイド			
○					○					○					○				○					○			
	○					○					○					○				○					○		
		○										○									○						
							○										○									○	
○	○	○	○		○	○	○	○		○	○	○	○		○	○	○		○	○	○	○		○	○	○	○
○	○	○	○		○	○	○	○		○	○	○	○		○	○	○		○	○	○	○		○	○	○	○
上坂x10											x12																
																									x10		
																x12											
					加速走x10																						
														x3 (T.T.) *2													
																				x8							
				x2 (T.T.) *2																							
									x3 (T.T.) *2																		
																					x12						
																										x10	
		x6																									
																								x8			
												x2															
							x3																				
																			x6								
	15'	15'	30'		15'	15'	15'	30'		15'	15'	15'	30'		15'	15'			15'	15'	15'	30'		15'	15'	15'	30'
20'																	30'										

*1　PP、PCは、野球のフィールドのポール(P)とセンター(C)である。PPはフェンス際をライトまたはレフトポールから反対のポールまで、PCはどちらかのポールからフェンス沿いにセンターまで、を示す

*2　T.T. はタイムトライアルで全力で行う

表12 準備期Ⅱ（2月春季キャンプ）の計画：野手の例

日付			
筋力・パワー			
ドリル	回数	種目数	
MBスクワット	20×1	5種目	
MBスロー	10×1	3〜5種目	
ジャンプ	10×1〜2	3〜5種目	
バー	10×2〜5	1〜5種目	
ウェイトトレーニング	回数	種目数	
上半身　1		ウェイトトレーニングのセットの組み方を参照し	
上半身　2		目的に合わせてセットの組み方を設定する（P67〜69）	
下半身　1			
下半身　2			
その他	回数	種目数	
体幹部トレーニング		いくつかの手段を用意して毎日行う	
肩肘周辺機能トレーニング		弱点を明確にして毎日または一日置きに行う	
スピード・パワー、アジリティ			
短スプリント	本数	レスト	
20m	上り坂or平地 × 10〜12	歩いて戻る	
30m	上り坂or平地 × 8〜10	歩いて戻る	
30/20/10m	上り坂or平地 × 4〜5	歩いて戻る	
変則スタート（20m）	平地 × 8〜12	（様々な姿勢からスタートする）	
変則スプリント（20〜30m）	平地 × 8〜12	（ミニハードルやラダーなどを混ぜる）	
長スプリント	本数	レスト	
100m	×3	4〜5分	
50m	上り坂or平地 × 8〜10	歩いて戻る	
50/40/30m	上り坂or平地 × 4〜5	歩いて戻る	
シャトルラン、切り替えし	本数	タイム（レスト）	
30/20/10m シャトル	×2〜3	〜22秒（2'30")	
20/10m シャトル	×4〜6	〜12秒（90"）	
10/10/10m シャトル	×6〜8	6.5〜7秒（45"）	
ジグザグ走	×6〜8	5回前後の方向変換を含むスプリント（45"）	
無酸素性持久力			
シャトルラン、切り替えし	本数	タイム（レスト）	
50/40/30/20/10m シャトル	×1〜2	58〜62秒（3'〜4'）	
50/30/10m シャトル	×2〜3	32〜34秒（2'30"〜3'）	
インターバル（中）	本数	タイム（レスト）	
100m	×8〜10	16〜17秒（45"jog）	
PC*1	×8〜10	13〜14秒（45"jog）	
ハーフガスラン（40m1往復）	×8〜10	10〜12秒（45"）	
インターバル（短）	本数	タイム（レスト）	
50/40/30 インターバル	×4〜5	（1本間jog、セット間90秒）	
30/20m インターバル	×5×2	（30m走→20m歩き→20m走→30m歩き×5、セット間90秒）	
無酸素性＋有酸素性持久力			
インターバル（長）	本数	タイム（レスト）	
300m	×4〜6	〜55秒（90"〜2'）	
200m	×6〜8	〜33秒（90"）	
PP往復*1	×3〜4	65〜72秒（2'）	
PP*1	×6〜8	33秒（1'）	
300m + 200m + 100m	×2	55秒（90"）+ 34秒（90"）+ 16"（120"）	
300m + 200m	×2〜3	60秒（60"）、32秒（90"）	
300m + 100m	×3〜4	60秒（60"）、16秒（60"）	
200m + 100m	×5〜6	35秒（60"）、16秒（60"）	
PP + PC*1	×5〜6	33秒（60"）、15秒（60"）	
フルガスラン（40m2往復）	×6〜8	25秒（60"'）	
有酸素性持久力	時間	距離/負荷設定	
ジョギング	20〜30分	約3〜5km	
バイク	20〜30分	心拍数120〜130/分	
スピードプレー	20〜25分	PC快調走→PC+PPjog繰り返し	
階段昇降	10〜20分		
クロスカントリーランニング	10〜20分		

第1クール					第2クール					第3クール					第4クール				第5クール					第6クール			
1日	2日	3日	4日	5日	6日	7日	8日	9日	10日	11日	12日	13日	14日	15日	16日	17日	18日	19日	20日	21日	22日	23日	24日	25日	26日	27日	28日
	○										○											○					
							○									○											
								○												○							
			○										○												○		
○					○					○					○				○					○			
	○					○					○					○				○					○		
			○										○									○					
								○									○										○
○	○	○	○		○	○	○	○		○	○	○	○		○	○	○		○	○	○	○		○	○	○	○
○	△	○	△		○	△	○	△		○	△	○	△		○	△	○		○	△	○	△		○	△	○	△
						上坂x10													x10								
																								x10			
	上坂x8									加速走 x8																	
															x2 (T.T.) *2												
					x2 (T.T.) *2																						
																										x10	
		x4																									
																					x6						
												x2															
							x6																				
	15'	15'	15'		15'	15'	15'	15'		15'	15'	15'	15'		15'	15'				15'	15'	15'		15'	15'	15'	15'
20'																	20'										

*1　PP、PCは、野球のフィールドのポール(P)とセンター(C)である。PPはフェンス際をライトまたはレフトポールから反対のポールまで、PCはどちらかのポールからフェンス沿いにセンターまで、を示す

*2　T.T はタイムトライアルで全力で行う

3　試合期のトレーニング計画例

表13（P224・225）、表14（P226・227）、表15（P228・229）

試合シーズンの留意点
　試合期における体力トレーニングは、試合でのパフォーマンスに対する疲労の影響を考慮しながら行わなければならない。野球は試合シーズンが長く試合頻度が高いので、体力を向上させるための取り組みを重視しすぎると、試合でのパフォーマンスに大きく影響する可能性がある。シーズン後半に体力の各要素のレベルを維持できるよう、トレーニングの強度と量を落としすぎないように留意して、試合での運動量を考慮しながらトレーニング計画を組むことが大切である。試合シーズンのトレーニング計画を立てる際の留意点を以下に示す。

① 走トレーニング（各種スプリント、インターバル走や持続走など）は、ポジションごとに、全ての選手に最低限必要と考えられる強度と量に設定されるべきであろう。これは、試合出場機会や、試合での運動量によって変更も考慮されるべきである。また、試合シーズン序盤で一度疲労が大きくなることがあるが、ここで大きくトレーニングの強度と量を落とさないことが、シーズンを通して高い水準で各体力要素を維持するためには大切であろう。一方、夏場の体力の消耗が大きな時期のトレーニングについては、全体のトレーニングの量を調整し、強度を維持するように行うことが大切である。

② 筋力トレーニングについても、シーズンを通して継続していくことが大切である。先発投手以外は、計画的にトレーニングを進めることは試合スケジュール（ホームとビジター）やトレーニングによる疲労を考慮すると容易ではない。しかし、試合出場に関わらず一定のパターンを確立して定期的に継続することが大切である。野手とリリーフ投手は、シーズン終盤に向かうにつれて筋力が低下していくことが一般的である。筋力を維持することは、パフォーマンスを維持するためだけでなく傷害予防の観点からも

重要である。筋力が中長期的に目標とする水準に達している選手は、疲労の度合いを考慮して、オフシーズンに取り戻せる範囲内でシーズン終盤に筋力トレーニングの強度と量を落とすことも考えられる。しかし、中長期的に見て筋力的に目標の水準に達していない選手は、シーズン終盤であっても筋力トレーニングを継続することが大切であろう。個々の課題を明確にして、筋肥大を目的としたトレーニング、最大筋力の向上を目的としたトレーニング、これらの混合型または中間的なトレーニングなど、シーズン中の筋力トレーニングを調整していくことが大切である。筋肥大を目的としたトレーニングをシーズン中に行う場合には、試合への疲労による影響を十分に考慮して、種目数やセット数を減らすなど量を調整することが大切である。

③ 走トレーニングや筋力トレーニングだけでなく、各種の動作のドリルを計画的に継続することは、野球における技術的な課題を野球技術とは違った視点から修正改善するために、また、トレーニング用器具が整備されていないビジター試合での体力トレーニングを充実させるためにも意義があろう。

④ 先発投手以外は、試合日程によっては週単位でトレーニング計画を立てることが難しい場合がある。そのような場合には、2週間単位、もしくは1ヶ月単位で、体力トレーニングで行う運動の種類や強度と量を考慮して計画を立てることが必要であろう。

シーズン中は、これらのことに留意してトレーニング全体をできる限りルーティーン化し、日程、トレーニング環境や天候、個々のコンディションなど、必要に応じてチーム全体、または、各選手に必要な刺激や休養を与えるために変化をつけることが大切である。

表13 試合期（シーズン中盤）の計画：先発投手の例

*1 日付			
筋力・パワー			
ドリル	回数	種目数	
MBスクワット	20×1	3〜5種目	
MBスロー	10×1	3〜5種目	
ジャンプ	10×1〜2	3〜5種目	
バー	10×2〜5	1〜5種目	
ウェイトトレーニング	回数	種目数	
上半身		ウェイトトレーニングのセットの組み方を参照し	
下半身		目的に合わせてセットの組み方を設定する（P67〜69）	
全身		セット数は少なく1〜2セット	
その他	回数	種目数	
体幹部トレーニング		いくつかの手段を用意して毎日行う	
肩肘周辺機能トレーニング		弱点を明確にして毎日または一日置きに行う	
スピード・パワー、アジリティ			
短スプリント	本数	レスト	
20m	平地×8〜12	歩いて戻る	
30m	平地×8〜10	歩いて戻る	
30/20/10m	平地×3〜5	歩いて戻る	
変則スタート（20m）	平地×8〜10	（様々な姿勢からスタートする）	
変則スプリント（20〜30m）	平地×8〜10	（ミニハードルやラダーなどを混ぜる）	
長スプリント	本数	レスト	
100m			
50m	平地×8〜10	歩いて戻る	
50/40/30m	平地×4〜5	歩いて戻る	
シャトルラン、切り返えし	本数	タイム（レスト）	
30/20/10m シャトル			
20/10m シャトル	×4〜6	〜12秒（90"）	
10/10m シャトル	×6〜8	6.5〜7秒（45"）	
ジグザグ走	×5〜8	5回前後の方向変換を含むスプリント（45"）	
無酸素性持久力			
シャトルラン、切り返えし	本数	タイム（レスト）	
50/40/30/20/10m シャトル			
50/30/10m シャトル			
インターバル（中）	本数	タイム（レスト）	
100m			
PC*2	×8〜12	13〜14秒（PC歩き）	
ハーフガスラン（40m1往復）	×8〜12	10〜12秒（45"）	
インターバル（短）	本数	タイム（レスト）	
50/40/30m インターバル	×4〜5	（1本間jog、セット間90秒）	
30/20m インターバル	×4〜5×1〜2	（30m走→30m歩き→20m走→30m歩きx5、セット間90秒）	
無酸素性＋有酸素性持久力			
インターバル（長）	本数	タイム（レスト）	
300m			
200m			
PP往復*2			
PP*2	×8〜10	33秒（90'）	
300m + 200m + 100m	×2〜3	54秒（90"）+ 33秒（90"）+ 16"（120"）	
300m + 200m			
300m + 100m			
200m + 100m			
PP + PC*2	×4〜6	33秒（60"）、15秒（60"）	
フルガスラン（40m2往復）			
有酸素性持久力	時間	距離/負荷設定	
ジョギング	20〜30分		
バイク	20〜40分	心拍数120〜130/分	
スピードプレー	20〜25分	PC快調走→PC+PPjog繰り返し	
階段昇降	20〜30分		
クロスカントリーランニング			
クロスカントリーランニング	10〜20分		

1日	2日	3日	4日	5日	6日	7日	8日	9日	10日	11日	12日	13日	14日	15日	16日	17日	18日	19日	20日	21日	22日	23日	24日	25日	26日	27日	28日
HG	HG	HG	登板	VG	VG	休	VG	VG	休	登板	HG	HG	休	VG	VG	休	登板	HG	HG	休	VG	VG	休	登板	HG	VG	VG	休

配置メモ:
- 4種: 1日, 8日, 15日, 22日
- 3種×2: 2日, 23日
- 片脚3種×2: 9日, 片脚3種: 24日
- 両脚3種: 16日
- 3種×2: 22日付近

×5 / ×5: 5日, 9日, 15日, 22日
×10: 1日, 15日
×4: 4日
×6: 13日
×8: 2日
×10: 9日, 16日
×10: 9日, 16日
×5: 15日
×2: 25日
30': 9日, 16日, 22日
25': 25日

*1　HGはホームゲーム、VGはビジターゲームを示す
*2　PP、PCは、野球のフィールドのポール(P)とセンター(C)である。PPはフェンス際をライトまたはレフト
　　ポールから反対のポールまで、PCはどちらかのポールからフェンス沿いにセンターまで、を示す

表14　試合期（シーズン中盤）の計画：リリーフ投手の例

*1 日付			
筋力・パワー			
ドリル	回数	種目数	
MBスクワット	20×1	3〜5種目	
MBスロー	10×1	3〜5種目	
ジャンプ	10×1〜2	3〜5種目	
バー	10×2〜5	1〜5種目	
ウェイトトレーニング	回数	種目数	
上半身		ウェイトトレーニングのセットの組み方を参照し	
下半身		目的に合わせてセットの組み方を設定する（P67〜69）	
全身		セット数は少なく1〜2セット	
その他	回数	種目数	
体幹部トレーニング		いくつかの手段を用意して毎日行う	
肩肘周辺機能トレーニング		弱点を明確にして毎日または一日置きに行う	
スピード・パワー、アジリティ			
短スプリント	本数	レスト	
20m	平地 x 8〜12	歩いて戻る	
30m	平地 x 8〜10	歩いて戻る	
30/20/10m	平地 x 3〜5	歩いて戻る	
変則スタート（20m）	平地 x 8〜10	（様々な姿勢からスタートする）	
変則スプリント（20〜30m）	平地 x 8〜10	（ミニハードルやラダーなどを混ぜる）	
長スプリント	本数	レスト	
100m	x 3〜5	4〜5分	
50m	平地 x 6〜10	歩いて戻る	
50/40/30m	平地 x 3〜5	歩いて戻る	
シャトルラン、切り替えし	本数	タイム（レスト）	
30/20/10m シャトル			
20/10m シャトル	x 4〜6	〜12秒（90"）	
10/10/10m シャトル	x 6〜8	6.5〜7秒（45"）	
ジグザグ走	x 5〜8	5回前後の方向変換を含むスプリント（45"）	
無酸素性持久力			
シャトルラン、切り替えし	本数	タイム（レスト）	
50/40/30/20/10m シャトル			
50/30/10m シャトル			
インターバル（中）	本数	タイム（レスト）	
100m			
PC*2	x 6〜10	13〜14秒（PC歩き）	
ハーフガスラン（40m 1往復）	x 6〜10	10〜12秒（45"）	
インターバル（短）	本数	タイム（レスト）	
50/40/30m インターバル	x 4〜5	（1本間jog、セット間90秒）	
30/20m インターバル	x 4〜5 x 1〜2	（30m走→20m歩き→20m走→30m歩きx5、セット間90秒）	
無酸素性＋有酸素性持久力			
インターバル（長）	本数	タイム（レスト）	
300m			
200m			
PP往復*2			
PP*2	x 5〜8	33秒（90'）	
300m + 200m + 100m			
300m + 200m			
300m + 100m			
200m + 100m			
PP + PC*2	x 3〜5	33秒（60"）、15秒（60"）	
フルガスラン（40m 2往復）			
有酸素性持久力	時間	距離/負荷設定	
ジョギング	10〜20分		
バイク	20〜30分	心拍数120〜130/分	
スピードプレー	10〜20分	PC快調走→PC+PPjog繰り返し	
階段昇降			
クロスカントリーランニング			
クロスカントリーランニング	10〜20分		

	1日	2日	3日	4日	5日	6日	7日	8日	9日	10日	11日	12日	13日	14日	15日	16日	17日	18日	19日	20日	21日	22日	23日	24日	25日	26日	27日	28日
	HG	HG	HG	VG	VG	VG	休	HG	HG	休	HG	HG	HG	HG	休	HG	HG	HG	HG	HG	VG	VG	HG	HG	VG	VG	VG	休

※ 表中の注記:
- 3日目: 3種×2
- 4日目: 片脚3種×2
- 5日目: 4種
- 8日目: 両脚3種×2
- 9日目: 4種
- 11日目: 3種×2
- 16日目: 4種
- 17日目: 片脚3種×2
- 18日目: 3種×2
- 23日目: 4種
- 24日目: 両脚3種×2

数値(回数)の記入:
- ×8 (2日目), ×10 (4日目), ×10 (8日目), ×4 (13日目), ×12 (16日目), ×10 (23日目)
- ×6 (2日目), ×6 (15日目), ×6 (17日目), ×8 (13日目), ×6 (23日目), ×4 (25日目)
- ×10 (2日目), ×8 (16日目), ×4 (4日目), ×5×2 (11日目), ×4 (20日目), ×5×2 (26日目)
- ×8 (11日目)
- ×4 (20日目)

*1 HGはホームゲーム、VGはビジターゲームを示す
*2 PP、PCは、野球のフィールドのポール（P）とセンター（C）である。PPはフェンス際をライトまたはレフト
  ポールから反対のポールまで、PCはどちらかのポールからフェンス沿いにセンターまで、を示す

表15　試合期（シーズン中盤）の計画：野手の例

*1 日付			
筋力・パワー			
ドリル	回数	種目数	
MBスクワット	20×1	3〜5種目	
MBスロー	10×1	3〜5種目	
ジャンプ	10×1〜2	3〜5種目	
バー	10×2〜5	1〜5種目	
ウェイトトレーニング	回数	種目数	
上半身		ウェイトトレーニングのセットの組み方を参照	
下半身		目的に合わせてセットの組み方を設定する（P67〜69）	
全身		セット数は少なく1〜2セット	
その他	回数	種目数	
体幹部トレーニング		いくつかの手段を用意して毎日行う	
肩肘周辺機能トレーニング		弱点を明確にして毎日または一日置きに行う	
スピード・パワー、アジリティ			
短スプリント	本数	レスト	
20m	平地 ×6〜8	歩いて戻る	
30m	平地 ×5〜8	歩いて戻る	
30/20/10m	平地 ×2〜4	歩いて戻る	
変則スタート（20m）	平地 ×6〜8	（様々な姿勢からスタートする）	
変則スプリント（20〜30m）	平地 ×6〜8	（ミニハードルやラダーなどを混ぜる）	
長スプリント	本数	レスト	
100m	×2〜3	4〜5分	
50m	平地 ×5〜8	歩いて戻る	
50/40/30m	平地 ×2〜3	歩いて戻る	
シャトルラン、切り替えし	本数	タイム（レスト）	
30/20/10m シャトル			
20/10m シャトル	×3〜4	〜12秒（90"）	
10/10/10m シャトル	×4〜6	6.5〜7秒（45"）	
ジグザグ走	×4〜6	5回前後の方向変換を含むスプリント（45"）	
無酸素性持久力			
シャトルラン、切り替えし	本数	タイム（レスト）	
50/40/30/20/10m シャトル			
50/30/10m シャトル			
インターバル（中）	本数	タイム（レスト）	
100m			
PC*2	×4〜8	13〜14秒（PC歩き）	
ハーフガスラン（40m1往復）	×4〜8	10〜12秒（45"）	
インターバル（短）	本数	タイム（レスト）	
50/40/30m インターバル	×3〜4	（1本間jog、セット間90秒）	
30/20m インターバル	×4〜5×1〜2	（30m走→20m歩き→20m走→30m歩き×5、セット間90秒）	
無酸素性＋有酸素性持久力			
インターバル（長）	本数	タイム（レスト）	
300m			
200m			
PP往復*2			
PP*2	×3〜6	33秒（90'）	
300m＋200m＋100m			
300m＋200m			
300m＋100m			
200m＋100m			
PP＋PC*2	×2〜4	33秒（60"）、15秒（60"）	
フルガスラン（40m2往復）			
有酸素性持久力	時間	距離/負荷設定	
ジョギング	10〜20分		
バイク	20〜30分	心拍数120〜130/分	
スピードプレー	10〜20分	PC快調走→PC＋PPjog繰り返し	
階段昇降			
クロスカントリーランニング			
クロスカントリーランニング	10〜20分		

9 実際のトレーニング計画

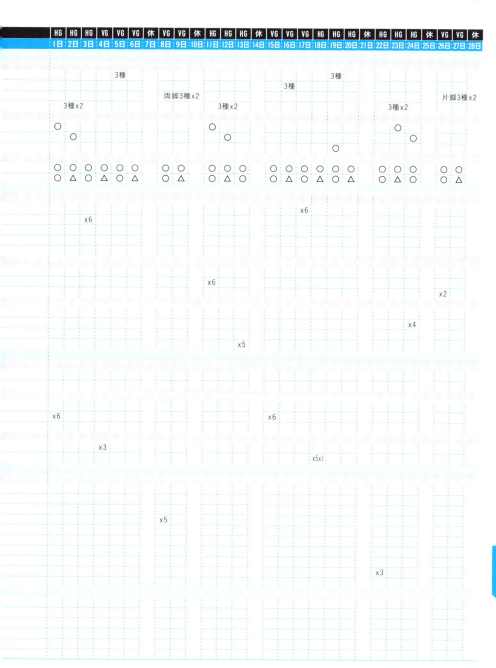

*1 HGはホームゲーム、VGはビジターゲームを示す
*2 PP、PCは、野球のフィールドのポール（P）とセンター（C）である。PPはフェンス際をライトまたはレフト
　　ポールから反対のポールまで、PCはどちらかのポールからフェンス沿いにセンターまで、を示す

10 実践指導において留意すること

ここまで、跳躍、投球、打撃運動を効果的に行うために、原則として押さえるべきであると筆者が考えているポイントを説明し、これらを習得するための手がかりになると思われるいくつかのトレーニング手段について紹介した。ここでは、実践指導において筆者が留意していることについて記したい。

1 運動の構造を見極める

　第6章において、野球における投打を中心とした運動の構造について、第7章において、体力トレーニングが生理的な条件を向上させると同時に、これらを野球技術の向上にも役立たせるために、各トレーニング手段における効果的な動きについて考えてきた。体力トレーニングを進めて行く上でも、技術的指導を行う上でも、指導者はひとつひとつの運動の構造を見極め、それぞれの運動をより機能的に行うために、どのような動きで各手段を行うかを選手に伝えて行くことが大切であろう。
　例えば、投球動作において、右投げの投手が右脚に身体を寄せに行く際に、右脚に体重を乗せて止まっているように見える局面があるが、これは静止しているのではなく、右脚に寄せる動きと体重移動しようとする動きがぶつかり合い、空間的には移動していない状態であることを説明した（P120）。また、打撃において右打者が右脚に体重を寄せたときに止まって見えることがあるが、これも同様である（P140）。この局面を見て、"止まっている"と解釈し、動きの流れを無視して片脚でバランス良く止まろうとすることは、運動を構造的にとらえられていない例のひとつと言えよう。体操選手が行うバランスポーズと、投球動作のなかで止まって見える局面とは似て非なるものである。このように、様々な運動場面で重力環境下における原理原則をとらえ、人間の体の構造から生み出される運動において力がどのように働き、どうすればより効果的に力が発揮できるのか、運動のからくりを常にみつめる指導が重要ではなかろうか。"下半身の粘り"（P121、P143）や"開きが早い"（P130、P147）などについても、これらの言葉に代表されるような見た目の

印象を言うのではなく、運動を構造的にとらえることで、より具体的に説明していくことが指導者にとって大切であろう。マイネル（1981）や金子（2002、2005a、2005b）は、運動の流れにともなう前後の関連性やそれぞれの要素の意味を含めて構造的にとらえることの重要性を説いている。様々な運動技術においてどのような動きがより良い動きと言えるのか、全体の流れを汲んでこの基本的な構造を理解していることが非常に重要である。本書においては、各野球技術やトレーニング手段を通じてこれらのことをいくつか説明してきた。運動技術において、多くの人が同じ選手を見て優れたフォームだと評価したり、身のこなしがいいと感じたりするように、見た目には多くの人に見てとれる違いも、運動を構造的にとらえた上で具体的に説明できなければ、意図的に動きを改善する方向へと導くことは難しいと考えられる。

2　動きを観察し説明する

　そこで大切なことは、運動を構造的にとらえた上で、実際の動きのなかで何が起こっているのかを観察し、選手にそれを伝える説明能力であろう。様々な運動における動きの観察は、選手による主観的な観察と指導者による客観的な観察のもとに行われていくべきであろう。前述したように指導者は良い動きがどのようなものか、まず原理原則的にとらえる試みを続けるべきではないだろうか。その上で選手個人の身体的な特徴や動きの特徴をとらえ、動きのうまくいっている部分とうまくいっていない部分を察知することである。このときに気をつけなければならないのは、欠点をしらみつぶしに観察するようなことではない。何度も説明してきたように、運動はひとつのまとまりと流れを持つものであるから、どの動きの欠陥がどのように他の部分へと作用しているのかを観察し、どのように修正すれば他の部分への影響は少なく改善できるか、または全体が改善されるかを考慮すべきであろう。

　実践的に行われる指導者による動きの観察能力は、バイオメカニクスなどを駆使して行われる科学的な動作分析だけでは達成されない。定量化された距離や時間を計測することによる動作分析から得られる情報は、選手の動きを客観的にとらえる資料として非常に重要である。こうした動作分析は、これまでに競技スポーツの発展に計り知れない貢献を果たしてきている。しかし、指導者はこれをどのように指導現場で利用するかを誤ってとらえてはならないであろう。競技パフォーマンスを

向上させるためには、そのまま伝えてしまうことも、無視してしまうことも避けるべきではないだろうか。科学によって得られた知見をどのように実践に還元するかは、指導者の手腕を問われる部分と言えよう。デジタルな情報をアナログな実践現場に還元することは運動指導の難しさであり、醍醐味のひとつと言える。

　例えば、主観的な感覚のなかで行われる運動において、あとXcmほどここの部分をこうして、あと0.XX秒ほどこの部分の動き出しを早めよう、などということを考えて選手は動きを修正するのではない。素早い動きのなかで0.01秒の〝ズレ〟を修正するためには大幅な動きの改善が必要であろうし、ゆっくりとした動きのなかの0.1秒であればそれはごく小さな違いにもなりうる。また、時間や空間を主観的な運動感覚のなかでとらえるためには、0.1秒や1cmという数字そのものにはあまり意味がない。科学的な分析により得られる情報を繰り返し検証すると同時に、これをいかに実際の指導において選手に伝えるかを考え続けなければならない。

　そこでは、指導者が投手と一緒に映像を見ながら、科学的な分析をもとに、〝膝の位置があと3cm外側で踏み込んで、腕を振るタイミングがあと0.05秒早い方がいい〟などと話し合うことから実際の動きを改善することはできるであろうか。全体の動きとしてどのように動けばよりよい踏み込み動作となり、どのように動けば腕を振るタイミングがうまくいくのか、これは修正のなかで変化を察知しながら選手とのやり取りで進んでいくものであろう。運動のなかの0.05秒は〝もうちょっとだけ早く〟にもなりうるし、〝もっともっと早いタイミングで〟という意識でなければ改善できないかもしれない。もしくは、予備的な緊張の度合いや、次の動作への先取りの意識を変えなければならないとしたら、指導現場でかける言葉は〝もう少しここは楽に〟とか〝もっとここはタイトに動いて〟など、選手の意識のなかでは距離や時間とは全く異なる次元の修正となる。また、ある部分に変化が出た場合に、全体に対しても修正を加えなければならないことも少なくない。一方、ある部分を修正した結果、全体のなかの他の部分までも修正されて運動全体が調和されるということもある。指導者は、動きの善し悪しを判断する観察眼を鍛えると同時に、どうすれば選手にこれらを伝えることができるのか、説明能力を高め続けることが大切であろう。

　そのためには、投球動作や打撃動作といった各種の運動技術をひとつの運動として原理原則的にとらえ、その運動形態において合理的な動きのスタンダードを考え

ることが大切ではなかろうか。すなわち、まず、生理・解剖的な個性や、どのようなタイプの技術を目指すのかといったことを考慮せずに、ある運動を人が効果的に行うために押さえるべきスタンダードな動きをとらえることである。しかし、全ての人に共通して言える最高の動きなどが存在するであろうか。おそらく存在しないであろう。どのような生理・解剖的な個性を持ち、打撃であれば長距離打者、もしくはアベレージヒッターを目指すのか、そのためにはどのような技術を目指すのか、といったことは、原理原則を押さえたスタンダードな動きのなかの何を強調し、どこは強調しないのか、または捨てるのか、様々な要素を個性に調和させることで構成されていくべきではないだろうか。

3 動きの指導におけるコミュニケーション

　指導者は科学的な検証と並行して実践的に検証を進めながら、選手の動きの善し悪しを客観的に判断すると同時に、この選手は一体どのように動こうとしているために現在の動きになっているのかを察知しなければならない。このような動きになっている場合には、選手が何をしようとしているためにそのようになっているのか、どのような手段や指導で正しい動きに導いていくのか、指導者は選手とともに創造力を働かせ、常に試行錯誤を繰り返していくであろう。選手は自分自身の動きの欠陥を具体的にはとらえていない場合が非常に多い。それどころか、自分がやろうとしていることには間違いはないと思って動いている場合も少なくない。指導者は動きの善し悪しを指摘するために、選手がどのように動こうとしているのかを見抜いて指摘することが大切であろう。"あなたはこんなふうに動こうとしているでしょう。あなたがこう動こうとしているからこういう動きになっているのだ"、ということを指摘された選手は、どのように動こうとしているかを図星で当てられたときに、自分自身の主観のなかに指導者が入ってきたことを実感するであろう。それによって、動きの善し悪しについてより強く実感し、自分の動きを改善しようという意識へと導くことが可能となるのではなかろうか。

　選手は指導者からの客観的な観察と自らの主観的な観察を重ね合わせ、より良い動きへと修正していく。その過程で、選手、指導者ともに、運動に対する感覚をより高度なものへと洗練させていくことが可能になろう。多くの人にとって自転車に乗ることは非常に当たり前のことであり、自分自身が"こう動けばできる"という

前提のもとに、絶対的な運動感覚で自転車に乗ることができる。もちろん競技スポーツにおいて要求される高度な運動を行うためには、単に自転車に乗ることよりも高度な運動感覚を必要とする。できている人にとっては当たり前でも、できていない人にとっては雲をつかむようなことでもある。これまでになかった動きを身につけるために、指導者は、目指す動きと身につけた動きの違いやズレを明確にすると同時に、選手にその動きの善し悪しを説明し、実践のなかで選手がどのように動こうとしているのかを読み取り、選手の運動感覚のなかに入り込みながら感覚的な情報交換を行うことが、高度な運動技術の修正改善を続けていくためには大切ではないだろうか。

4　運動を習得するプロセス

誰もがトップアスリートのような力強く洗練された動きを身につけることができるわけではない。しかし、運動センスとは、生まれ持った特別な才能に恵まれたアスリートだけのものでもない。運動における可能性は、選手と指導者の取り組みによって大きく広げることができると筆者は考えている。

"できなかった"ことが"できるようになる"体験の例として、多くの人は自転車に乗れないという状態から乗れるようになるという経験をしている。最初は意識してバランスを取ることが必要だが、慣れてくるとそれほどバランスを取ることを意識することなく自転車をこぐことができるようになる。さらに、おしゃべりしながらでも、多くの人は片手運転なども気がつけばできるようになっている。これは、"できない"ことが"できる"ようになり、さらに運動の余分な部分をそぎ落としながら、高次な運動へと洗練させていくプロセスの一例であると言える。

非常に高度な競技スポーツの技術においては、自転車に乗るほど単純には運動を獲得・維持できるわけではない。そこで、選手と指導者による共同作業はどのように進められるのか、マイネル（1981）、金子（2002）らの知見を参考にしつつ筆者が考えるところを以下にまとめてみた。

1)　選手自身が、"こうなりたい"という動きを明確にする。

先述したように、選手は自分自身の動作が、どのようにうまくいっていないかを自覚していない場合が非常に多い。したがって、動作がどのようにうまくいってい

ないのかを理解させ、どのような動きであればうまくいく可能性が高まるのかを理解させなければならない。具体的にわかりやすく、選手に動きの善し悪しを説明し、選手に〝こうなりたい〟と思わせることが最初のステップと言える。本書では、それに役立つと考えられる動きとして爆発的な力の発揮に有効と思われる動きについて第6〜7章で考えてきた。

2）ねらいとする動きを探す

　選手は、〝こうなりたい〟という動きが明確になると、そのように動くことを目指して様々な動きを試していくこととなる。その際、指導者は、目的とする動きを引き出すために有効な手段を準備しなければならない。本書の第4、第5章ではその準備のしかたについて、第8章では具体的にいくつかの手段を紹介している。選手は、ある手段を通して目指す動きを探しながら、ああでもない、こうでもない、と試行錯誤を続ける。指導者は選手がどのように動こうとしているかを読み取りながら、身体ポジションやタイミングなどを修正していく。指導者はそれに対して、例えば、〝今のは少し近いが、ここのタイミングはもっとこう〟、などというように、目指す動きを引き出すために、その選手の動きのなかで強調すべき部分や身体ポジションそのものの間違いなどを指摘する。選手はそれに対して、〝今のはなんでちょっとうまくいったのだろう、ここはもうちょっとこうかな〟、というようなことをさらに繰り返していくのである。

　間違った動きを選手は感じ取れず、指導者が指摘できないままでいると、間違った動きがそのまま習慣化され、それはそれでひとつのまとまりを持つ運動となってしまうことも多い。しかし、これを長く繰り返していくほど修正は難しくなるであろう。選手にとって、うまくいったときの感覚が欠如していることは致命的と言える。動きを修正改善していく過程で、選手はどの感覚を拾い、どの感覚を捨てるか、正しい運動感覚を身につけなければならない。またその過程に寄り添う指導者は、選手が間違った取捨選択を行わないように注意して観察し、導いていくことが大切であろう。

3）ねらいとする動き、またはそれに近い動きを引き出す

　ある動きを探し、試行錯誤を続けていくと、あるとき〝ポン！〟と目指す動きが

出現することがある。金子（2002）はこれを"偶発"という言葉で説明している。多くの人が経験しているように、自転車に乗れるようになる瞬間は突然訪れる。しかし、自転車のように"乗れる"か"乗れない"かに分類されるような性質とは、多くのスポーツ技術や野球の技術は必ずしも一致しないであろう。例えば鉄棒の逆上がりのような運動は乗れる・乗れないといった性質を持つが、野球における"投げる"ことや、"打つ"ことは、格好はどうあれ誰でも"できる"のである。だからこそ、その技術の水準が上がれば上がるほど動きの善し悪しを察知することや説明することは難しくなり、選手にそれを理解させることも容易ではなくなる。もちろん自転車に乗ることや逆上がりも、より難度の高い乗り方や美しさを目的とした場合には野球と同じような性質を持つ運動となろうが、野球の投打のように"できることはできる"という性質の運動も少なくない。しかし、目指す動きを明確にすることができれば、その動きに近づいてきた場合に、もしくは目指す動きがポンと出てきたときに"ああこれか！"と、多くの場合は気がつくものである。指導者はこのとき、"それだ！"ということを指摘してあげることが重要であろう。そうすることによって、選手は自分自身の目指す動きが出てきたことをより実感するだけでなく、選手自身が目指す動きと指導者が目指している動きが一致していることを実感する。一方で、せっかく近い動きが出てきているのに、それが近い動きであることになかなか気がつかない、もしくは今までの運動と感じ方が違うために受け入れられない選手もいる。動きを修正していくトレーニングは、今までの動きの感覚とは違う違和感との戦いでもある。しかし、この違和感を受け入れなければ、習慣化されたこれまでの動きから新しい動きへと変化できないことを、選手も指導者も知っておくべきではなかろうか。

　金子（2002、2007）は、偶発は単に偶然に発生するのではなく、1回1回の運動から反省し、修正を繰り返し、目指す動きへと自らの運動感覚をすり合わせていくことによって出現すると説明している。機械的な反復からは新しい運動技術を習得することは難しい。選手の主観的評価と指導者の客観的評価に基づいて、どこへ向かってどのように修正していこうとしているかが、意図的に動きを改善してくためにはきわめて重要であろう。

4）より確実に習得する

目指していた動きが何度か出てきたからといって、その運動を習得しているとは言えない。"3歩歩くと忘れる"、"一晩寝ると忘れる"、などということが指導現場ではしばしば言われる。しかし、このことで選手を責めてはならない。これまでできなかった運動感覚を定着させ、より確実に習得することは、その運動が高度であるほど容易ではないからである。しかし多くの場合、一度できた運動はその動きができたときの感覚というのが残ることが多い。ただし、この動きを意図的に何度でも引き出せるようになるためには、依然として長い道のりがある。選手は同じような動きが再現できるようになるまでに、数えきれないほどの修正を繰り返していく。

"前の感じはこうだったからこうしてみよう"
"自分の動きの傾向はこうだからここの意識をもう少しコンスタントに強めよう"
"動き出しの身体全体のポジションをここからにしよう"
"ここをもう少し早く"
"ここをもう少し強く"
"ここはこのタイミングまで待って"
"ここは力を入れすぎずに勝手に行かせるように"

などというように、改善しようとする意識がより具体的になってくるものである。このような修正を繰り返すことによって、徐々にバラつきが少なく、何度やってもほぼ同じような動きを起こすことができるようになるのではないだろうか。

5）再現性・精度を上げ、"あそび"を作る

何度やっても同じような動きを引き出すことができるようになれば終わりということではない。何度も説明してきたとおり、運動はひとまとまりでとらえなければならないものであり、消えるときもひとまとまりに消えてしまうために、突如としてうまくいかなくなるということが少なくない（P90）。野球の技術において、もっとも典型的なのは打撃技術と言えよう。投手は相手打者の打撃技術そのものを引き出させないために、あらゆる手段を使って打者の技術、動きを崩そうとする。打者は、常に投球に対応しながら技術を発揮しなければならないため、違うタイプの投手や予期せぬ配球により、自分自身の技術を出せなくなるばかりか、それをきっ

かけに自分本来の動きそのものを失ってしまうということも起こるであろう。打撃に限らず、習得したと思われた動きをひとまとまりに失ってしまうことが、スポーツ選手に起こる原因不明のスランプの大きな要因のひとつではないだろうか。

　これは、打撃技術の方が投球技術よりも難度が高いということではない。野球という競技は、投打の技術がそのようなやりとりのなかで起こる特性を持っているということにすぎない。投球は自ら能動的に起こす運動のなかで打者の技術を上回らなければならず、10打者との勝負の内に7回抑えても統計的には敗北である。一方、打者は7回失敗しても3割打者として統計上は勝ったということになろう。投手は自ら起こす運動のなかで、より高い精度で一球一球自らの技術を発揮しなければならない。打者は投球に対応しながら、自らの技術を発揮しなければならない。どちらの方がより高度で難度が高いかということではなく、それぞれがそういう性質を持っているということである。

　いずれにせよ、投球動作や打撃動作に限らず、あらゆる状況で技術を発揮するためには、試合を通した戦術的先読みや状況判断能力なども非常に重要な能力になってくる。投打をはじめとする様々な野球における技能を、動きの構造から説明できることは限られている。しかし、できるだけあらゆる状況下で発揮できる技術を追求し、その技術を崩されないために、また、崩れた運動を修正したり、失った動きを再獲得したりするためには、動きの再現性と精度を上げるための努力を常に続けることが大切であろう。習得した動きの余分な部分をそぎ落としながら、必要なところをより際立たせたり、見た目の動きが多少変わっていても運動の構造そのものは失わないというような〝あそび〟を作れるように、高次に動きを習得するトレーニングは続いていくのではなかろうか。例えば、イチロー選手が変化球に崩されているようでも、巧みにバットをコントロールしてボールをとらえている姿を多くの野球関係者は見ているだろう。これは単にバットコントロールがうまいということにとどまらず、運動全体のなかで押さえなければならない部分を押さえ、動きが崩されそうな状況下で強調すべき点を強調しながら、遂行すべき技術を発揮できる能力に長けているからこそできる業であろう。ダルビッシュ選手が試合のなかで、投球しながら意図的に自分自身の動きを修正することで調子を取り戻したり、意図的に腕の角度を少し変えながらも全体の動きの調和を保つように投げることにより、打者とのタイミングをズラしたりするさまを、筆者は何度も目の前で見てきた。よ

り熟練して広い"あそび"を持つことで、調整可能な動きの幅を広げることも運動技術を高めるためには欠かせない。先述したように、自転車に乗れるようになったときにはまだ緊張していて、手はしっかりとハンドルを握り、ある程度の速度を保って集中していないとうまく自転車をこぐことができない。慣れるにしたがって、徐々に"あそび"が生まれ、話しながらでも、速度を落としても、片手運転でも自然に自転車をこぐことができるようになることは、まさにこのことを指しているのであろう。

6）総合的な取り組み

言うまでもなく、野球における投打をはじめとする高水準の運動技術はこのよう

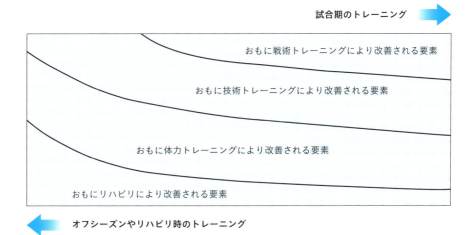

それぞれは完全に独立したものではなく、
目標達成のためにトレーニング全体の関わり合いを意識すべきであろう。

図31　リハビリ、および体力、技術、戦術の各トレーニングの割合（イメージ）

に単純ではない。また、高水準の技術を習得し発揮し続けるためには、多くの場合、体力の諸要因を基礎とする生理的な条件（P30および第5章）も十分に備わっていなければならない。生理的な条件をより高い水準で備えていくためのコンスタントなトレーニングと、より洗練された運動感覚を磨きながら、目指す動きを獲得するための調整力（コーディネーション能力）を向上させる動きのトレーニングを、それぞれに、または同時に練り上げていかなければならない。したがって、より高い水準の技術を獲得していくためには常に修正と改善が必要であると同時に、年齢や発達度合い、コンディションによる様々な生理的な変化のなかで技術を発揮し続けるためにも、修正と改善を継続しなければならないのである。競技生活の成熟期・熟練期に、高度の動きの修正改善能力（調整力＝コーディネーション能力）を持つためには、発育発達期においていかに多くの種類の運動を経験させるかが最重要課題であろう。より高い競技パフォーマンスを発揮するために、動きを改善するためのトレーニングと生理的に必要な条件を満たすためのトレーニングは表裏であり、これらがひとつのゴールに向かって相互に練り上げられなければならないのではないだろうか。これを達成するためには、ひとつひとつのトレーニングの関わりを正しく理解することが大切であろう。競技種目や競技レベル、傷害などを含めたコンディションの変化、また発達水準によってもそれぞれのトレーニングが占める割合は変わるが、全てのトレーニングをいくつかの目標に向かって一枚岩に進めていくことが、トレーニングを考えていく上で重要と言えるのではないだろうか。図31（P239）では、リハビリ、および体力、技術、戦術のトレーニングの割合を示した。トレーニングを包括的にとらえるという難題に立ち向かっていくためには、それぞれを独立して考えていては解決できないことが多い。それは常に意識すべきであろう。しかし、実践においては、何かに特化して問題を解決しなければならない場面が頻繁に訪れる。そこでは、その問題を解決することが、目指すスポーツパフォーマンスを発揮するために何を意味し、またこれを解決することを目的に行われるトレーニングがトレーニング全体のなかでどこに位置するのかを、常に考えながら行うことが重要であろう。

おわりに

　本書の第1章～第5章では、トレーニング論の基礎を背景にPDCAサイクルに沿ったトレーニングの筋道の立て方について取り上げた。また、第6章～第8章では、動きを向上させるために実践指導のなかで押さえるべきであろうと筆者が考える基礎的なポイントについて、トレーニング手段を例に挙げながら示してきた。さらに、第9章では実際のトレーニング計画の例を示し、第10章では実践指導において筆者が留意していることを述べた。

　トレーニングを実践する際、技術指導や体力強化、または傷害予防やリハビリなど、それぞれにおいて適切な手段や方法があろう。しかし、それぞれは決して独立したものではない。発育発達期のトレーニングや傷害復帰のためのリハビリから、高度な競技パフォーマンス向上のトレーニングまで、全ては競技パフォーマンス向上というひとつのゴールに向かって行われる一連の活動であり、ひとつの大きな地図の上にあると筆者は考えている。本書を通して、トレーニング、効率的に力を発揮するための動き、この2つのテーマの原理原則について筆者が考える事柄を述べてきた。スポーツパフォーマンスは非常に複雑に様々な要素が絡み合う現象と言える。しかし、オリンピックを目指すようなトップアスリートから、クラブスポーツ、学校体育、障害者スポーツ、子どもの体力づくりや高齢者の健康づくりまで、運動の性質とトレーニングを原理原則的にとらえようと考える能力が、運動指導者には前提として求められよう。これに加えて、あらゆる場面において創造力を発揮してトレーニングの手段や方法を選択・創作し、トレーニングを進めていくことがアスリートと競技スポーツ指導者には不可欠と言えよう。本質を追究し続けるためには、変わらずに継続すべきことと常に変化を加えることとの両輪を回し続けなければならないと筆者は考えている。

　本書を通し、野球を題材にして、スポーツパフォーマンス向上のためのトレーニングの基礎と考え方を取り上げてきた。野球だけでなく、様々な競技スポーツに関わる方々から厳しいご意見をいただき、今後の努力への糧としたい。

参考文献

猪飼道夫(1963)運動生理学入門.杏林書院.

金子明友(2002)わざの伝承.明和出版.

金子明友(2005a)身体知の形成(上).明和出版.

金子明友(2005b)身体知の形成(下).明和出版.

金子明友(2007)身体知の構造.明和出版.

図子浩二,高松薫(1997)"ばね"を高めるためのトレーニング理論.トレーニング科学 8:7-16.

日本体育学会監修(2006)最新スポーツ科学事典.平凡社.

ベルクソン,H.(竹内信夫訳)(1993)ベルクソン全集2.白水社.

ボンパ,T.(尾縣貢,青山清英訳)(2006)競技力向上のトレーニング戦略.大修館書店.

マイネル,K.(金子明友訳)(1981)スポーツ運動学.大修館書店.

マトヴェーエフ,L.P.(渡辺謙,魚住広信訳)(2003)スポーツ競技学.ナップ.

村木征人(1994)スポーツ・トレーニング理論.ブックハウス・エイチディ.

森和夫(1996)「技術」と「技能」に関する93人の定義.技術と技能 2:59-64.

Belli, A. and Bosco, C. (1992) Influence of stretch-shortening cycle on mechanical behavior of tricep surae during hopping. Acta Physiol. Scand. 144:401-408

Cavagna, G.A., Saibane, F.P. and Margaria, R. (1965) Effect of negative work on the amount of positive work performed by an isolated muscle. J. Appl. Physiol. 20:157-158.

Cavagna, G.A., Dusman, B. and Margaria, R. (1968) Positive work done by a previously stretched muscle. J. Appl. Physiol. 24:21-32.

Desmedt, J.E. and Godaux, E. (1977) Ballistic contraction in man: Characteristic recruitment pattern of single motor unit of tibialis anterior muscle. J. Physiol. 264:673-693.

Dietz, V. and Noth, J. (1978) Pre-innervation and stretch response of triceps brachii in man falling with and without visual control. Brain Research 142:576-579.

Komi, P.V. and Buskirk, E.R. (1972) Effect of eccentric and concentric muscle Conditioning on tension and electrical activity of human muscles. Ergonomics 15:427-434.

Komi, P.V. and Bosco, C. (1978) Utilization of stored elastic energy in leg extensor muscles by men and women. Med. Sci. Sports Exerc. 19:261-265.

Melvill-Jones, G. and Watt, D.G. (1971a) Observation on the control of stepping and hopping movements in man. J. Physiol. 219:709-727.

Melvill-Jones, G. and Watt, D.G. (1971b) Muscular control of landing from unexpected falls in man. J. Physiol. 219:729-737.

謝 辞

　本書は、2010年の暮れから企画執筆をはじめた。それまでに、数年間にわたり、北海道日本ハムファイターズと前北海道大学副学長である安田和則教授をはじめとする、北海道大学附属大学病院スポーツ医学診療科（当時）の先生方との共同で開催してきた指導者セミナーなどのために、野球におけるトレーニングの資料を作成していた。筆者には、これらの資料をひとつの形にまとめたいという思いがあった。本書は、未熟な筆者が自分自身のこれまで学び経験してきたものをまとめたものにすぎない。一方で、10年、20年先に読み返す場合を意識し、トレーニングや運動の原理原則から外れて、野球の技術やトレーニング方法の詳細に関して書くということがないよう、今の筆者にとって基礎であり本質であると思われる事柄について執筆したつもりである。

　学生時代からの恩師である高松薫先生（筑波大学名誉教授）の講義ノートを参考に、体力トレーニングの基礎を見直し、メモやノート、パソコンの中にあるアイデアを形にすることは、筆者の考えていた難しさをはるかに上回り、一歩も進まない時期も少なくなかった。高松先生には学生時代さながらの厳しい指導をいただいた。この場をかりて高松先生に深謝申し上げたい。加えて、高松研究室所属以来、筆者に科学と実践についての知見を与え続けてくださった、元筑波大学教授、故図子浩二先輩に心よりの感謝を捧げると共にご冥福をお祈りしたい。

　上述の安田先生をはじめ、北海道大学スポーツ医学診療科の先生方には、資料作成のきっかけとなったセミナーの開催と、安田教室での活動をサポートしていただいた。神戸大学理学部物理学科の播磨尚朝教授には、運動技術に関する物理的な表記についてアドバイスをいただいた。また、数名の選手にモデルとして写真撮影に協力していただいた。なかでも菊地和正氏（元プロ野球選手）には、トレーニングに関わるモデルをほとんど一手に引き受けていただいた。木村康之様をはじめ、ベースボール・マガジン社様には、進まない原稿の作成を根気強く支えていただいた。その他にも多くの方々にご協力をいただいた。皆様に心より感謝の意を表します。

　最後に、これまで実践と検証の機会をいただいてきた北海道日本ハムファイターズ、また、ともにフィールドでの活動を続けてきた選手、監督、コーチ、トレーナーをはじめとするスタッフの皆様に心よりの感謝と御礼を申し上げ、今後の一層の努力を約束して謝辞としてかえさせていただきたい。

PROFILE

なかがき・せいいちろう● 1970年1月18日生まれ。東京都出身。高校から本格的に陸上に取り組み、中距離の選手として活躍。筑波大学体育専門学群を卒業後、小守スポーツマッサージ療院に4年間勤務し、その間に伊勢丹ラグビー部のフィジカルトレーナーに就任。1997年に運動学を学ぶためにアメリカ・ユタ大学大学院へ留学。在学中からＭＬＢニューヨーク・メッツの臨時トレーナーを務めた。帰国後の2004年から10年まで北海道日本ハムファイターズのチーフトレーナー、12年はテキサス・レンジャーズでダルビッシュ有の専属トレーナーを務めた。13年から日本ハムに復帰し、17年からサンディエゴ・パドレスの応用スポーツ科学部長に就任。2019年からオリックス・バファローズ統括本部育成GM補佐兼パフォーマンスディレクターを務める。

野球における
体力トレーニングの基礎理論

2018年4月25日　第1版第1刷発行
2022年3月31日　第1版第5刷発行

著　者／中垣征一郎
発 行 人／池田哲雄
発 行 所／株式会社ベースボール・マガジン社
　　　　　〒103-8482
　　　　　東京都中央区日本橋浜町2-61-9 TIE浜町ビル
　　　　　電話　　03-5643-3930(販売部)
　　　　　　　　　03-5643-3885(出版部)
　　　　　振替口座　00180-6-46620
　　　　　http://www.bbm-japan.com/

印刷・製本／大日本印刷株式会社

©Seiichiro Nakagaki 2018
Printed in Japan
ISBN978-4-583-11165-0 C2075

＊定価はカバーに表示してあります。
＊本書の文章、写真、図版の無断転載を禁じます。
＊本書を無断で複製する行為（コピー、スキャン、デジタルデータ化など）は、私的使用のための複製など著作権法上の限られた例外を除き、禁じられています。業務上使用する目的で上記行為を行うことは、使用範囲が内部に限られる場合であっても私的使用には該当せず、違法です。また、私的使用に該当する場合であっても、代行業者等の第三者に依頼して上記行為を行うことは違法になります。
＊落丁・乱丁が万一ございましたら、お取り替えいたします。